Herausgeber: Polyglott-Redaktion
Bearbeitung: Anna Reißig
Deutsches Grundmanuskript: Elisabeth Graf-Riemann
Lektorat: Sabine von Loeffelholz
Laufende Bearbeitung: Beatrix Müller-Kapuscinski
Art Direction: Illustration & Graphik Forster GmbH, Hamburg
Titeldesign-Konzept: V. Barl

Polyglott im Internet: www.polyglott.de,
im Travel Channel unter www.travelchannel.de

Ergänzende Anregungen, für die wir jederzeit dankbar sind,
bitten wir zu richten an:
Polyglott-Verlag, Redaktion, Postfach 40 11 20, D-80711 München.

2. Auflage 2001/2002

Printed in Germany
Gedruckt auf chlorfrei gebleichtem Papier
ISBN 3-493-61162-5

Polyglott-Sprachführer

Polnisch

Polyglott-Verlag München

Inhalt

Einführung

Über das Buch

Polyglott-Sprachführer sind perfekte Begleiter neben dem Reiseführer, denn sie orientieren sich an realistischen, alltäglichen Situationen von Reisenden, die der fremden Sprache nicht kundig sind.

Die Sätze und Redewendungen, die Ihnen eine rasche und unproblematische Verständigung in Ihrem Reiseland ermöglichen, sind bewußt einfach gehalten. Sie finden keine komplizierten Satzkonstruktionen oder zu lange Wortlisten. Fast alle Sätze sind aus einfachen Textbausteinen zusammengestellt, die Ihnen ein leichtes und schnelles Auswechseln von Satzteilen in verschiedenen Gesprächssituationen ermöglichen.

Die Wortlisten am Ende jedes Hauptkapitels sind themenbezogen und helfen Ihnen, Sätze je nach Bedarf weiter zu variieren. So werden Sie sich mit einem minimalen Wortschatz ohne langes Suchen schnell in der fremden Sprache zurechtfinden. Damit Sie auch verstehen, was andere Ihnen in alltäglichen Kontaktsituationen (beim Arzt, an der Grenze etc.) mitteilen, haben wir häufig wiederkehrende fremdsprachige Redewendungen oder Fragen mit einem * gekennzeichnet.

Eine vereinfachte, am Deutschen orientierte Lautschrift ermöglicht Ihnen die korrekte und verständliche Aussprache der Sprache Ihres Gastlandes. Nachfolgend finden Sie eine kurze Erläuterung dazu, ebenso eine kurze Grammatikübersicht.

Daran anschließend sind in neun Hauptkapiteln Satzbeispiele aus allgemeinen und reisetypischen Bereichen zusammengestellt. Nicht nur im Kapitel *Praktische Hinweise*, sondern über alle Seiten des Sprachführers verteilt finden Sie außerdem Tips und Informationen zu den Besonderheiten Ihres Reiselandes.

Ein ausführliches zweisprachiges Wörterbuch Deutsch–Polnisch, das Sie als Reisewörterbuch und zugleich als Register benutzen können, steht am Ende des Bandes. Die angegebenen Seitenzahlen führen Sie direkt in den entsprechenden Textteil. Das Wörterbuch Polnisch–Deutsch enthält die wichtigsten Wörter und Abkürzungen, denen Sie in Aufschriften, auf Schildern und Hinweistafeln begegnen.

Wir wünschen Ihnen viel Vergnügen auf Ihrer Reise: Szczęśliwej podróży! [schtschê**schli**väj po**dru**~~sch~~i] *(Gute Reise!)*

Aussprache

Um Ihnen eine möglichst korrekte und damit auch verständliche Aussprache des Polnischen zu ermöglichen, haben wir uns für eine sehr vereinfachte Lautschrift entschieden, die fast ohne Sonderzeichen auskommt. Die Betonung der Wörter können Sie sofort am Fettdruck der entsprechenden Silbe bzw. des Lautes erkennen: minuta [mi**nu**ta] *(Minute)*; okno [**ok**no] *(Fenster)*; ile [**i**lä] *(wieviel)*.

Vokale

Im Polnischen werden die Vokale kurz und offen ausgesprochen.

Orale Vokale

- **a** wie *a* in *fast, hat*
- **e** wie *e* in *Rest, Bett* – in der Lautschrift *ä;*
- **i** ist kürzer und heller als das deutsche *i* auszusprechen, wie *i* in *die, Minute*
- **o** wie o in *Sonne, doch*

- **u, ó** wie *u* in *Mutter, Gruß* – nur kürzer
- **y** fast wie das deutsche *i* in *Fisch, Tisch* – jedoch ein bißchen dumpfer

Nasalierte Vokale
- **ą** wie das deutsche *o* in *Balkon, Bonbon* – in der Lautschrift *õ*
- **ę** wie die Endung im Wort *Bassin* oder in *Teint* – in der Lautschrift *ẽ*

Doppelvokale
Die Doppelvokale *au, eu, ea* und *ei* kommen hauptsächlich in Fremdwörtern vor und werden in der Regel getrennt (in der Lautschrift durch ‿ dargestellt) ausgesprochen:

- **au** in polnischen Wörtern wie in *na‿uka (Wissenschaft)*
- **eu** wird *immer* getrennt ausgesprochen: *Europa* [ä‿**uro**pa] *(Europa)*
- **ea** wie in *idea* [i**dä**a] *(Idee)*
- **ei** wie *w alei* [v a**lä**i] *(in der Allee)*

Konsonanten

Die Konsonanten b, k, p und t werden weniger gehaucht als im Deutschen.

- **g** wie *g* in *sagen, Gurke*
- **h, ch** *ch* in *Krach, Dach*
- **ł** wie das englische *w* in *well* – in der Lautschrift *w*
- **ń** weich wie *gn* im Wort *Kognak*, in der Lautschrift *nj*
- **r** wird immer als Zungenspitzen-*r* „rollend", auch am Wortende, ausgesprochen
- **s** wie *ß* in *Fuß* oder *s* in *hast* – immer stimmlos
- **ś** ein weicher Laut zwischen *s* und *sch* – in der Lautschrift *sch*
- **w** wie *w* in *Wasser* – in der Lautschrift *v*
- **z** wie das deutsche stimmhafte *s* in *Sommer, Sonne*
- **ź** ein weiches stimmhaftes *s* mit *j* verbunden – in der Lautschrift *sch*
- **ż, rz** wie *j* in *Journal* oder *g* in *Genie* – in der Lautschrift ~~*sch*~~

Die Doppelkonsonannten werden getrennt gesprochen und in der Lautschrift durch Betonung (Fettdruck) getrennt: lekki [**läk**ki] *(leicht)*; inni [**in**ni] *(anders)*.

Konsonanten, wie *rz, ż, d, b* und *g* können in der Aussprache ihren Laut von stimmhaft zu stimmlos ändern, z. B.: *ż, rz = sz; d = t; b = p*. Die Lautschrift wird klanggemäß wiedergegeben.

Betonung

In der Regel werden Wörter auf der vorletzten Silbe betont: robota [ro**bo**ta] *(Arbeit)*; margaryna [marga**ri**na] *(Margarine)*. Wörter, die anders betont werden, sind meistens fremder Herkunft: Ameryka [a**mä**rika] *(Amerika)*; matematyka [matä**ma**tika] *(Mathematik)*.

Im Polnischen werden die unbetonten Silben jedoch genauso deutlich ausgesprochen wie die betonten.

Das polnische Alphabet

A a	[a]	M m	[äm]
Ą ą	[õ]	N n	[än]
B b	[bä]	O o	[o]
C c	[zä]	Ó ó	[u]
Ć ć	[tschjä]	P p	[pä]
D d	[dä]	R r	[är]
E e	[ä]	S s	[äß]
Ę ę	[ẽ]	Ś ś	[äsch]
F f	[äf]	T t	[tä]
G g	[gjä]	U u	[u]
H h	[cha]	V v	[vau]
I i	[i]	W w	[vu]
J j	[jot]	Y y	[i-gräk]
K k	[ka]	Z z	[sät]
L l	[äl]	Ź ź	[sjät]
Ł ł	[äw]	Ż ż	[~~sch~~ät]

Buchstabenkombinationen:

Ch ch	[cha]	Dż dż	[dschä]
Cz cz	[tschä]	Rz rz	[är‿sät]
Dz dz	[dsä]	Sz sz	[äß‿sät]
Dź dź	[dsjä]		

Die Buchstaben q, v und x kommen entweder in Wörtern fremder Herkunft vor oder werden zur Bezeichnung physikalisch-mathematischer Begriffe gebraucht.

Kurzgrammatik

Das Substantiv

Artikel und Geschlecht

Im Polnischen gibt es **keine** Artikel.

Die vorhandenen drei Geschlechter männlich *(m)*, weiblich *(f)* und sächlich *(n)*, sind an der Endung bzw. an der Bedeutung erkennbar.

Männlich sind alle Substantive, die ein männliches Lebewesen (chłopiec – *Junge*) bezeichnen bzw. auf Konsonanten (pociąg – *Zug;* koń – *Pferd*), auf *a* (poeta – *Dichter*) oder auf *o* (dziadzio – *Opa*) enden.

Weiblich sind die meisten Substantive, die auf *a* (matka – *Mutter*) oder auf *i* (pani – *Frau*) enden.

Sächlich sind fast alle Substantive, die auf *o* (okno – *Fenster*), auf *e* (pole – *Feld*), auf *ę* (zwierzę – *Tier*) und auf *um* (centrum – *Zentrum*) enden.

Deklination

Im Polnischen gibt es sieben Fälle. Außer Nominativ (N.), Genitiv (G.), Dativ (D.) und Akkusativ (A.) sind das: Instumental (I.) (mit wem?, womit?, wodurch?), Lokativ (L.) (wo?, worin?, worauf?, worüber?, wovon?) und Vokativ (V.), der in der Anrede gebraucht wird (z. B. panie! – *Herr!*).

Man unterscheidet männliche, weibliche, sächliche und gemischte Deklinationen. Innerhalb der Deklinationsgrundformen gibt es unterschiedliche Deklinationstypen.

Männliche Deklination

	Singular	Plural
N.	pan [**pan**] *(Herr)*	pan-owie [pa**no**vjä] *(Herren)*
G.	pan-a [**pa**na]	pan-ów [**pa**nuv]
D.	pan-u [**pa**nu]	pan-om [**pa**nom]
A.	pan-a [**pa**na]	pan-ów [**pa**nuv]
I.	pan-em [**pa**näm]	pan-ami [pa**na**mi]
L.	pan-u [**pa**nu]	pan-ach [**pa**nach]
V.	pan-ie! [**pa**njä]	pan-owie! [pa**no**vjä]

Weibliche Deklination

	Singular	Plural
N.	noga [**no**ga] *(Bein)*	nog-i [**no**gi] *(Beine)*
G.	nog-i [**no**gi]	nóg [nug]
D.	nodze [**no**dsä]	nog-om [**no**gom]
A.	nog-ę [**no**gẽ]	nog-i [**no**gi]
I.	nog-ą [**no**gõ]	nog-ami [no**ga**mi]
L.	nodze [**no**dsä]	nog-ach [**no**gach]
V.	nog-o! [**no**go]	nog-i! [**no**gi]

Sächliche Deklination

	Singular	Plural
N.	miej-sce [**mjäj**ßzä] *(Platz)*	miej-sca [**mjäj**ßza] *(Plätze)*
G.	miej-sca [**mjäj**ßza]	miej-sc [mjäjßz]
D.	miej-scu [**mjäj**ßzu]	miej-scom [**mjäj**ßzom]
A.	miej-sce [**mjäj**ßzä]	miej-sca [**mjäj**ßza]
I.	miej-scem [**mjäj**ßzäm]	miej-scami [mjäj**ßza**mi]
L.	miej-scu [**mjäj**ßzu]	miej-scach [**mjäj**ßzach]
V.	---	---

Adjektive

Im **Singular** hat das Adjektiv drei Geschlechtsformen:

Männlich

(Endung -y)
N. miły [**mi**wi] *(nett)*
G. mił-ego [mi**wä**go]

D. mił-emu [mi**wä**mu]
A. mił-ego [mi**wä**go]
I. mił-ym [**mi**wim]
L. mił-ym [**mi**wim]
V. mił-y [**mi**wi]

Weiblich

(Endung -a)
N. miła [**mi**wa]
G. mił-ej [**mi**wäj]
D. mił-ej [**mi**wäj]
A. mił-ą [**mi**wõ]
I. mił-ą [**mi**wõ]
L. mił-ej [**mi**wäj]
V. mił-a [**mi**wa]

Sächlich

(Endung -e)
N. miłe [**mi**wä]
G. mił-ego [mi**wä**go]
D. mił-emu [mi**wä**mu]
A. mił-e [**mi**wä]
I. mił-ym [**mi**wim]
L. mił-ym [**mi**wim]
V. mił-e [**mi**wä]

Im **Plural** hat das Adjektiv zwei Geschlechtsformen: eine *Sachform,* die bei allen unbelebten Substantiven und Tiernamen sowie bei allen Substantiven weiblichen und sächlichen Geschlechts gebraucht wird, und eine *Personalform,* die bei allen Personen männlichen Geschlechts sowie bei Personengruppen, wenn darin eine männliche Person vertreten ist, verwendet wird.

Weibliche Sachform

N. miłe [**mi**wä]
G. mił-ych [**mi**wich]
D. mił-ym [**mi**wim]
A. mił-e [**mi**wä]
I. mił-ymi [mi**wi**mi]
L. mił-ych [**mi**wich]
V. mił-e [**mi**wä]

Männliche Personalform

N. mili [**mi**li]
G. mił-ych [**mi**wich]
D. mił-ym [**mi**wim]
A. mił-ych [**mi**wich]
I. mił-ymi [mi**wi**mi]
L. mił-ych [**mi**wich]
V. mil-i [**mi**li]

Steigerung des Adjektivs

Einfache Steigerung:

Positiv	biedny [**bjäd**ni] *(arm)*
Komparativ	biedniej-szy [bjäd**njäj**schi] *(ärmer)*
Superlativ	naj-biedniej-szy [najbjäd**njäj**schi] *(am ärmsten)*

Umschreibende Steigerung:

Positiv	gorzki [**gosch**ki] *(bitter)*
Komparativ	bardziej gorzki [**bar**dsjäj **gosch**ki] *(bitterer)*
Superlativ	najbardziej gorzki [naj**bar**dsjäj **gosch**ki] *(am bittersten)*

Unregelmäßige Steigerung:

dobry *(gut):*	dobry – lepszy – najlepszy [**do**bri – **lä**pschi – naj**lä**pschi]
zły *(schlecht):*	zły – gorszy – najgorszy [swi – **gor**schi – naj**gor**schi]
duży *(groß):*	duży – większy – największy [**du~~sch~~**i – **vjĕk**schi – naj**vjĕk**schi]
mały *(klein):*	mały – mniejszy – najmniejszy [**ma**wi – **mnjäj**schi – naj**mnjäj**schi]
lekki *(leicht):*	lekki – lżejszy – najlżejszy [**läk**ki – **l~~sch~~äj**schi – naj**l~~sch~~äj**schi]

Adverbien

Die Adverbien werden meist von Adjektiven gebildet und haben Endungen auf -o (daleko – *weit*) oder auf -e (ładnie – *hübsch*). Adverbien von Adjektiven auf -ski, -zki, -cki werden mit Hilfe der Präposition po und der Endung -u gebildet: polski *(polnisch)* – po polsku.

Pronomen

Personalpronomen

ja [ja] *(ich)*
ty [ti] *(du)*
on [on] *(er)*; ona [**o**na] *(sie)*;
ono [**o**no] *(es)*
my [mi] *(wir)*
wy [vi] *(ihr)*
oni [**o**ni] *(sie)*

Possessivpronomen

mój [muj] *(mein)*; moja [**mo**ja] *(meine)*;
moje [**mo**jä] *(mein)*
twój [tvuj] *(dein)*; twoja [**tvo**ja] *(deine)*;
twoje [**tvo**jä] *(dein)*
jego [**jä**go] *(sein)*; jej [jäj] *(ihr)*
nasz [nasch] *(unser)*; nasza [**na**scha] *(unsere)*; nasze [**na**schä] *(unser)*
wasz [vasch] *(euer)*; wasza [**va**scha] *(eure)*; wasz [vasch] *(euer)*
ich [ich] *(ihr)*

Die Possessivpronomen *jego (sein), jej (ihr), ich (ihr)* werden nicht, die übrigen wie Adjektive dekliniert.

Demonstrativpronomen

Singular: ten [tän] *(dieser)*; ta [ta] *(diese)*; to [to] *(dieses)*
Plural: ci/te [zi/tä] *(diese)*

Singular: tamten [**tam**tän] *(jener)*; tamta [**tam**ta] *(jene)*; tamto [**tam**to] *(jenes)*
Plural: tamci/tamte [**tam**zi/**tam**tä] *(jene)*

Beim Gebrauch der Pronomen **nikt** [nikt] *(niemand)*, **nic** [niz] *(nichts)*, **żaden** [**~~sch~~a**dän] *(keiner)* muß das Verb zusätzlich durch *nie* verneint werden:

Nikogo tutaj *nie* widzę. [ni**ko**go **tu**taj njä **vid**sẽ] *(Ich sehe hier niemanden.)* *Nic nie* chcę. [niz njä chzẽ] *(Ich will nichts.)*

Verben

Im Polnischen enden fast alle Infinitivformen der Verben auf -ć, in wenigen Fällen auf -c oder -ść (-źć).

Es gibt nur drei Zeiten: Präsens (Gegenwart), Präteritum (Vergangenheit) und Futur (Zukunft). Im folgenden wird nur auf Gegenwarts- und Vergangenheitsformen eingegangen.

Beispiele typischer Konjugationen:

Präsens

mówić [**mu**vitsch] *(sprechen):*
mów-ię [**mu**vjẽ] *(ich spreche)*
mów-isz [**mu**visch] *(du sprichst)*
mów-i [**mu**vi] *(er/sie/es spricht)*
mów-imy [mu**vi**mi] *(wir sprechen)*
mów-icie [mu**vi**zjä] *(ihr sprecht)*
mów-ią [**mu**vjõ] *(sie sprechen)*

szukać [**schu**katsch] *(suchen):*
szuka-m [**schu**kam] *(ich suche)*
szuka-sz [**schu**kasch] *(du suchst)*
szuka [**schu**ka] *(er/sie/es sucht)*
szuka-my [schu**ka**mi] *(wir suchen)*
szuka-cie [schu**ka**zjä] *(ihr sucht)*
szuka-ją [schu**ka**jõ] *(sie suchen)*

pracować [pra**zo**vatsch] *(arbeiten):*
pracuj-ę [pra**zu**jẽ] *(ich arbeite)*
pracuje-sz [pra**zu**jäsch] *(du arbeitest)*
pracuje [pra**zu**jä] *(er/sie/es arbeitet)*
pracuje-my [prazu**jä**mi] *(wir arbeiten)*
pracuje-cie [prazu**jä**zjä] *(ihr arbeitet)*
pracuj-ą [pra**zu**jõ] *(sie arbeiten)*

uczyć się [**u**tschitsch ßjẽ] *(lernen):*
ucz-ę się [**u**tschẽ ßjẽ] *(ich lerne)*
uczy-sz się [**u**tschisch ßjẽ] *(du lernst)*
uczy się [**u**tschi ßjẽ] *(er/sie/es lernt)*
uczy-my się [**utschi**mi ßjẽ] *(wir lernen)*
uczy-cie się [**utschi**zjä ßjẽ] *(ihr lernt)*
ucz-ą się [**u**tschõ ßjẽ] *(sie lernen)*

Die wichtigsten unregelmäßigen Verben:

mieć [mjätsch] *(haben):*
ma-m [mam] *(ich habe)*
ma-sz [masch] *(du hast)*
ma [ma] *(er/sie/es hat)*
ma-my [**ma**mi] *(wir haben)*
ma-cie [**ma**zjä] *(ihr habt)*
ma-ją [**ma**jõ] *(sie haben)*

być [bitsch] *(sein):*
jestem [**jäß**täm] *(ich bin)*
jesteś [**jäß**täsch] *(du bist)*
jest [jäßt] *(er/sie/es ist)*
jesteśmy [jäß**täsch**mi] *(wir sind)*
jesteście [jäß**täsch**zjä] *(ihr seid)*
są [ßõ] *(sie sind)*

chcieć [chzjätsch] *(wollen):*
chcę [chzẽ] *(ich will)*
chcesz [chzäsch] *(du willst)*
chce [chzä] *(er/sie/es will)*
chcemy [**chzä**mi] *(wir wollen)*
chcecie [**chzä**zjä] *(ihr wollt)*
chcą [chzõ] *(sie wollen)*

iść [ischtsch] *(gehen):*
idę [**i**dẽ] *(ich gehe)*
idziesz [idsjäsch] *(du gehst)*
idzie [idsjä] *(er/sie/es geht)*
idziemy [i**dsjä**mi] *(wir gehen)*
idziecie [i**dsjä**zjä] *(ihr geht)*
idą [idõ] *(sie gehen)*

Präteritum

Die Formen des Präteritums werden durch Hinzufügen des Suffixes -ł (-l) und der Personalendungen an den Infinitivstamm gebildet und verändern sich nach Person, Geschlecht und Zahl. Die sächliche Präteritumform hat in der 3. Person Singular die Endung -o, im Plural ist sie dem Femininum – der Sachform - gleich.
Die Stammendungen -e bzw. -ie verwandeln sich vor dem Suffix -ł in -a bzw. -ia, z. B.:
m*ie*-ć [mjätsch] *(haben)* – m*ia*-łem [**mjä**wäm] *(ich hatte)*
słysz*e*-ć [**ßwi**schätsch] *(hören)* – słysz*a*-łem [ßwi**scha**wäm] *(ich hörte).*

Singular
mieszkać [**mjä**schkatsch] *(wohnen)*

Maskulinum:
mieszka-ł-em [mjä**schka**wäm] *(ich wohnte)*
mieszka-ł-eś [mjä**schka**wäsch] *(du wohntest)*
mieszka-ł [**mjä**schkaw] *(er wohnte)*

Femininum:
mieszka-ł-am [mjä**schka**wam] *(ich wohnte)*
mieszka-ł-aś [mjä**schka**wasch] *(du wohntest)*
mieszka-ł-a [mjä**schka**wa] *(sie wohnte)*

Neutrum:
mieszka-ł-o [mjä**schka**wo] *(es wohnte)*

Plural
Personalform:
mieszka-l-i-śmy [mjäschka**li**schmi] *(wir wohnten)*
mieszka-l-i-ście [mjäschka**li**schzjä] *(ihr wohntet)*
mieszka-l-i [mjä**schka**li] *(sie wohnten)*

Sachform:
mieszka-ł-y-śmy [mjäschka**wi**schmi] *(wir wohnten)*
mieszka-ł-y-ście [mjäschka**wi**schzjä] *(ihr wohntet)*
mieszka-ł-y [mjä**schka**wi] *(sie wohnten)*

Ein typisches Bild auf polnischen Landstraßen: die ganze Familie auf dem Weg in die Kirche

Allgemeines

Begrüßung und Verabschiedung

Guten Morgen!/Guten Tag!	Dzień dobry! [dsjän **do**bri]
Guten Abend!	Dobry wieczór! [**do**bri **vjä**tschur]
Gute Nacht!	Dobranoc! [do**bra**noz]
Hallo!	Halo! [**cha**lo]
Wie geht es Dir?	Jak się masz? [jak ßjẽ masch]
Wie geht es Ihnen?	Jak się panu (pani) powodzi? [jak ßjẽ **pa**nu (**pa**ni) po**vo**dsi]
* Dziękuję, dobrze. [dsjẽ**ku**jẽ **dob**~~sch~~ä]	Danke, gut.
Und *Ihnen/Dir*?	A *panu (pani)/tobie*? [A **pa**nu (**pa**ni)/**to**bjä]
Auf Wiedersehen.	Do widzenia. [dovi**dsä**nja]
Tschüß!	Cześć! [**tschä**schtsch]
Bis bald!	Do zobaczenia wkrótce! [do soba**tschä**nja v**krut**zä]
Bis morgen!	Do jutra! [do **ju**tra]
Grüße an die Familie.	Ukłony dla rodziny. [u**kwo**ni dla ro**dsi**ni]
Vielen Dank für alles.	Dziękuję za wszystko. [dsjẽ**ku**jẽ sa **vschi**ßtko]
Es hat uns sehr gefallen.	Bardzo nam się podobało. [**bar**dso nam ßjẽ podo**ba**wo]

Anrede und Vorstellung

Herr/Frau/Fräulein ...	Pan/Pani/Panna ... [pan/**pa**ni/**pan**na]
Wie heißen Sie?/Wie heißt Du?	Jak się pan (pani) nazywa?/Jak się nazywasz? [jak ßjẽ pan (**pa**ni) na**si**va/jak ßjẽ na**si**vasch]
Ich heiße ...	Nazywam się ... [na**si**vam ßjẽ]

Das ist/sind mein *Mann/Freund* meine *Frau/Freundin* meine Kinder.	**To jest/są** [to jäßt/ßõ] mój *mąż/przyjaciel* [muj mõ~~seh~~/pschij**a**zjäl] moja *żona/przyjaciółka* [**mo**ja ~~se~~**ho**na/pschija**zjuw**ka] moje dzieci. [**mo**jä **dsjä**zi]
Angenehm./Sehr erfreut. Gleichfalls.	Bardzo mi miło./Bardzo się cieszę. [**bar**dso mi **mi**wo/**bar**dso ßjẽ **zjä**schẽ] Również. [**ruv**njä~~seh~~]
Woher kommst Du?/Woher kommen Sie?	Skąd jesteś?/Skąd pan (pani) jest? [ßkõt **jäß**täsch/ßkõt pan (**pa**ni) jäßt]
Ich bin/Wir sind aus Deutschland aus Österreich aus der Schweiz.	**Jestem/Jesteśmy** [**jäß**täm/jeß**täsch**mi] z Niemiec [ß**njä**mjäz] z Austrii [ß **au**ßtri] ze Szwajcarii. [sä **schvaj**zari]

Verständigung

Sprechen Sie/Sprichst Du Deutsch/Englisch?	*Czy mówi pan (pani)/Czy mówisz* po niemiecku/angielsku? [tschi **mu**vi pan (**pa**ni)/tschi **mu**visch po njä**mjäz**ku/an**gjäl**ßku]
Wie heißt das? Wie bitte? Was bedeutet das?	Jak się to nazywa? [jak ßjẽ to na**si**va] Słucham? [**ßwu**cham] Co to znaczy? [zo to **sna**tschi]
Haben Sie verstanden?	Czy pan mnie zrozumiał? (Czy pani mnie zrozumiała?) [tschi pan mnjä ßro**su**mjaw (tschi **pa**ni mnjä ßrosu**mja**wa)]
Ich verstehe nicht. Langsamer bitte! Bitte nochmal!	Nie rozumiem. [njä ro**su**mjäm] Proszę wolniej! [**pro**schẽ **vol**njäj] Jeszcze raz proszę! [**jäsch**tschä raß **pro**schẽ]
Können Sie mir/Kannst Du mir das aufschreiben das *erklären/übersetzen?*	**Czy może mi pan (pani)/Czy możesz mi** [tschi **mo**~~seh~~ä mi pan (**pa**ni)/tschi **mo**~~seh~~äsch mi] to napisać [to na**pi**ßatsch] to *wyjaśnić/przetłumaczyć?* [to vi**jasch**nitsch/pschätwu**ma**tschitsch]

Dzień dobry

Im Polnischen gibt es keine Entsprechung für Guten Morgen. Sowohl morgens als auch den ganzen Tag über begrüßt man sich mit *Dzień dobry* [dsjän **do**bri] *(Guten Tag!)*. Abends sagt man *Dobry wieczór* [**do**bri **vjä**tschur] *(Guten Abend!)*. Unter jungen Leuten, Freunden oder guten Bekannten heißt es bei Begrüßung und Abschied einfach nur *Cześć* [**tschä**schtsch] *(Servus!)*.

Das ungeschriebene Gesetz der Höflichkeit gilt in Polen auch heute noch viel. Trifft ein Herr beispielsweise auf eine Gruppe männlicher und weiblicher Bekannter, begrüßt er immer zuerst die Damen, nicht selten sogar mit Handkuß. Jugendliche grüßen, besonders wenn sie einen guten Eindruck machen wollen, zuerst die Erwachsenen.

Höflichkeitsfloskeln

Bitte.	Proszę. [**pro**schẽ]
Danke./Vielen Dank.	Dziękuję./Bardzo dziękuję. [dsjẽ**ku**jẽ/**bar**dso dsjẽ**ku**jẽ]
Danke, gleichfalls.	Dziękuję, nawzajem. [dsjẽ**ku**jẽ nav**sa**jäm]
Danke für die Hilfe.	Dziękuję za pomoc. [dsjẽ**ku**jẽ sa **po**moz]
* Proszę./Nie ma za co. [**pro**schẽ/njä ma sa zo]	Bitte./Keine Ursache.
Entschuldigung.	Przepraszam. [pschä**pra**scham]
* Nie szkodzi. [njä **schko**dsi]	Das macht nichts.
Einen Augenblick, bitte!	Chwileczkę, proszę! [chvi**lätsch**kẽ **pro**schẽ]
Das ist sehr nett *von Ihnen/von Dir.*	To ładnie *z pańskiej (z pani)/z twojej* strony. [to **wad**njä ß**panj**ßkjäj (ß**pa**ni)/ß**tvo**jäj ß**tro**ni]
Das tut mir leid.	Przykro mi. [**pschi**kro mi]
Das ist schade.	Szkoda. [**schko**da]
Herzlich willkommen!	Witamy serdecznie! [vi**ta**mi ßär**dätsch**njä]
Herzlichen Glückwunsch!	Serdeczne życzenia! [ßär**dätsch**nä ~~seh~~i**tschä**nja]
Alles Gute (zum Geburtstag)!	Wszystkiego dobrego (w dniu urodzin)! [**vschißt**kjägo do**brä**go (vdnju u**ro**dsin)]
Viel Spaß!/Viel Vergnügen!	Przyjemnej zabawy!/Dobrej zabawy! [pschi**jäm**näj sa**ba**vi/**do**bräj sa**ba**vi]
Gute Besserung!	Życzę polepszenia! [~~**seh**~~itschẽ poläp**schä**nja]
Viel Erfolg!	Powodzenia! [povo**dsä**nja]
Schönen Tag!	Przyjemnego dnia! [pschijäm**nä**go dnja]
Gute Reise!	Szczęśliwej podróży! [schtschẽ**schli**väj po**dru**~~seh~~i]
Schöne Ferien!	Udanych wakacji! [u**da**nich va**ka**zji]
Frohe Weihnachten!	Wesołych Świąt Bożego Narodzenia! [vä**ßo**wich schvjõt bo**~~seh~~ä**go naro**dsä**nja]
Frohe Ostern!	Wesołych Świąt Wielkanocnych! [vä**ßo**wich schvjõt vjälka**noz**nich]
Ein frohes Neues Jahr!	Wesołego Nowego Roku! [väßo**wä**go no**vä**go **ro**ku]

Sich kennenlernen

Darf ich mich *zu Ihnen/zu Dir* setzen?	Czy mogę się *do pana (pani)/do ciebie* dosiąść? [tschi **mo**gẽ ßjẽ do **pa**na (**pa**ni)/do **zjä**bjä **do**ßjõschtsch]
Gestatten Sie?	Pan (Pani) pozwoli? [pan (**pa**ni) poß**vo**li]
Sind Sie	**Czy pan (pani)** [tschi pan (**pa**ni)]
alleine unterwegs	podróżuje sam (sama) [podru**~~seh~~u**jä ßam (**ßa**ma)]
mit jemandem unterwegs?	podróżuje w towarzystwie? [podru**~~seh~~u**jä vtova**~~seh~~i**ßtvjä]
Sind Sie/Bist Du verheiratet?	*Czy pan (pani) jest/Czy ty jesteś żonaty (m)/zamężna (f)?* [tschi pan (**pa**ni) jäßt/tschi ti **jä**ßtäsch ~~seh~~o**na**ti/sa**mẽ**~~seh~~na]

Pan, pani oder panstwo?

Der deutschen Anrede „Sie" entspricht im Polnischen *pan* (bei Herren) und *pani* (bei Damen). Darauf folgt der Vorname, beides im Vokativ *(pani Anno, panie Janie)*. Die Bezeichnung *panna* (Fräulein) benutzen die Polen nur scherzhaft – als Anrede für kleine Mädchen. Richtet sich „Sie" an mehrere Personen, dann sagt man *państwo.* In den einzelnen Kapiteln dieses Sprachführers wird bei Beispielsätzen die feminine Form jeweils in Klammern hinter der maskulinen angegeben: Czy może pan (pani) mi pomóc? [tschi **mos~~ch~~**ä pan (**pa**ni) mi **po**muz] *(Können Sie mir helfen?)*

Hast Du *einen Freund/eine Freundin?*	Czy masz *przyjaciela/przyjaciółkę?* [tschi masch pschija**zjä**la/pschija**zjuw**kẽ]
Wie alt bist Du?	Ile masz lat? [**i**lä masch lat]
Ich bin 25 Jahre alt.	Mam dwadzieścia pięć lat. [mam dva**dsjäsch**zia pjẽtsch lat]
Was sind Sie/Was bist Du von Beruf?	*Czym pan (pani) jest/Czym jesteś* z zawodu? [tschim pan (**pa**ni) jäßt/tschim **jäß**täsch ß sa**vo**du]
Ich bin	**Jestem** [**jäß**täm]
Schüler/in	uczniem/uczennicą [**utsch**njäm/utschän**ni**zõ]
Student/in	studentem/studentką [ßtu**dän**täm/ßtu**dänt**kõ]
Angestellte(r).	pracownikiem umysłowym. [prazov**ni**kjäm umis**wo**vim]
Möchten Sie etwas trinken?	Czy chciałby pan się (Czy chciałaby pani się) czegoś napić? [tschi **chzjawbi** pan ßjẽ (tschi chzja**wa**bi **pa**ni ßjẽ) **tschä**gosch **na**pitsch]
Ja, gerne, gute Idee.	Tak, chętnie, to dobry pomysł. [tak **chẽt**njä to **do**bri **po**mißw]
Warum nicht?	Dlaczego nie? [dla**tschä**go njä]
Nein, danke.	Nie, dziękuję. [njä dsjẽ**ku**jẽ]
Vielleicht ein andermal.	Może innym razem. [**mos~~ch~~**ä **in**nim **ra**säm]
Vielleicht später.	Może później. [**mos~~ch~~**ä **pusch**njäj]
Gefällt es *Ihnen/Dir* hier?	Czy *panu (pani)/tobie* tutaj się podoba? [tschi **pa**nu (**pa**ni)/**to**bjä **tu**taj ßjẽ po**do**ba]
Mir gefällt es sehr gut.	Mnie się bardzo podoba. [mnjä ßjẽ **bar**dso po**do**ba]
Sind Sie/Bist Du zum ersten Mal hier?	*Czy pan (pani) jest/Czy jesteś* tu po raz pierwszy? [tschi pan (**pa**ni) jäßt/tschi **jäß**täsch tu po ras **pjärv**schi]
Nein, ich war schon einmal in ...	Nie, ja byłem (byłam) już raz w ... [njä ja **bi**wäm (**bi**wam) jus~~ch~~ ras v]
Kennen Sie/Kennst Du Deutschland?	*Czy pan (pani) zna/Czy znasz* Niemcy? [tschi pan (**pa**ni) sna/tschi snasch **njäm**zi]
Besuchen Sie mich doch einmal./Besuche mich doch einmal.	Niech mnie pan (pani) kiedyś odwiedzi./ Odwiedź mnie kiedyś. [njäch mnjä pan (**pa**ni) **kjä**disch ot**vjä**dsi/**ot**vjätsch mnjä **kjä**disch]
Hier ist meine Adresse.	Tutaj jest mój adres. [**tu**taj jäßt muj **a**dräß]

Wie lange *sind Sie/bist Du* schon hier?	Jak długo *już jest pan (pani)/już jesteś* tutaj? [jak **dwu**go ju~~seh~~ jäßt pan (**pa**ni)/jak **dwu**go ju~~seh~~ **jäß**täsch **tu**taj]
Seit *einer Woche/zwei Tagen.*	Od *tygodnia/dwóch dni.* [ot ti**god**nja/dvuch dni]
Wie lange bleibst Du noch hier?	Jak długo jeszcze tu zostaniesz? [jak **dwu**go **jäsch**tschä tu soß**ta**njäsch]
Noch *eine Woche/zwei Tage.*	Jeszcze *tydzień/dwa dni.* [**jäsch**tschä **ti**dsjänj/dva dni]
Wollen wir heute/morgen zusammen	**Może dzisiaj/jutro** [**mo**~~seh~~ä **dsi**ßjaj/**jut**ro]
essen	pójdziemy razem jeść [puj**dsjä**mi **ra**säm jäschtsch]
ausgehen	wyjdziemy razem [uij**dsjä**mi **ra**säm]
ins Kino/zum Tanzen gehen	pójdziemy razem *do kina/na tańce* [puj**dsjä**mi **ra**säm do **ki**na/na **tanj**zä]
spielen?	zagramy razem? [sa**gra**mi **ra**säm]
Einverstanden, in Ordnung!	Zgoda, w porządku! [**sgo**da vpo~~seh~~**õt**ku]
Nein, ich möchte nicht.	Nie, nie chcę. [njä njä chzẽ]
Ich kann leider nicht.	Niestety nie mogę. [njä**ßtä**ti njä **mo**gẽ]
Wann/Wo treffen wir uns?	*Kiedy/Gdzie* się spotkamy? [**kjä**di/gdsjä ßjẽ ßpot**ka**mi]
Um 7 Uhr vor dem Kino.	O siódmej przed kinem. [o **ßjud**mäj pschät **ki**näm]
Kann ich *Sie/Dich* abholen?	Czy mogę przyjść po *pana (panią)/ciebie?* [tschi **mo**gẽ pschijschtsch po **pa**na (**pa**njõ)/**zjä**bjä]
Kann ich *Sie/Dich* nach Hause/zum Bus bringen?	Czy mogę odprowadzić *pana (panią)/ciebie* do domu/do autobusu? [tschi **mo**gẽ otpro**va**dsitsch **pa**na (**pa**njõ)/**zjä**bjä do **do**mu/do auto**bu**ßu]
Nein, das ist nicht nötig.	Nie, nie trzeba. [njä njä **tschä**ba]
Es war sehr schön.	Było bardzo ładnie. [**bi**wo **bar**dso **wat**njä]
Wann treffen wir uns wieder?	Kiedy spotkamy się znowu? [**kjä**di ßpot**ka**mi ßjẽ **ßno**vu]
Ich mag das nicht.	Nie lubię tego. [njä **lu**bjẽ **tä**go]
Das gefällt mir nicht.	To mi się nie podoba. [to mi ßjẽ njä po**do**ba]
Dazu habe ich keine Lust.	Nie mam na to ochoty. [njä mam na to o**cho**ti]
Lassen Sie mich/Laß mich in Ruhe!	*Niech pan mnie zostawi/Zostaw mnie* w spokoju! [njäch pan mnjä soß**ta**vi/**soß**tav mnjä vßpo**ko**ju]
Bitte gehen *Sie/geh!*	Niech pan *idzie/idź!* [njäch pan idsjä/itsch]
Verschwinden Sie!/ Verschwinde!	Niech pan natychmiast idzie!/Zwiewaj! [njäch pan na**tich**mjaßt idsjä/**ßvjä**waj]

Fragen

Was ist das?	Co to jest? [zo to jäßt]
Was kostet das?	Ile to kosztuje? [**i**lä to kosch**tu**jä]
Wo ist ...?/Wo gibt es ...?	Gdzie jest ...?/Czy jest ...? [gdsjä jäßt/tschi jäßt]
Wohin fährt ...?	Dokąd jedzie ...? [**do**kõt **jä**dsjä]

Wie heißt das?	Jak to się nazywa? [jak to ßjẽ na**si**va]
Wie lange dauert das?	Jak długo to potrwa? [jak **dwu**go to **potr**va]
Wann beginnt das Konzert?	O której zaczyna się koncert? [o **ktu**räj sa**tschi**na ßjẽ **kon**zärt]
Wieviele *Kilometer/Minuten* sind es?	Ile to jest *kilometrów/minut?* [**i**lä to jäßt kilo**mä**truv/**mi**nut]
Können Sie	**Czy może pan (pani)** [tschi **mo~~sch~~**ä pan (**pa**ni)]
mir helfen	mi pomóc [mi **po**muz]
mir das zeigen?	mnie to pokazać? [mnjä to po**ka**satsch]
Kann ich Ihnen helfen?	Czy mogę panu (pani) pomóc? [tschi **mo**gẽ **pa**nu (**pa**ni) **po**muz]

Fragewörter

Was?	Co? [zo]
Wer?	Kto? [kto]
Welche (-r/-s)?	Który (-a/-e)? [**ktu**ri (**ktu**ra/**ktu**rä)]
Wo?	Gdzie? [gdsjä]
Wohin?	Dokąd? [**do**kõt]
Wie?	Jak? [jak]
Wieviel(e)?	Ile? [**i**lä]
Wann?	Kiedy? [**kjä**di]
Wie lange?	Jak długo? [jak **dwu**go]
Warum?	Dlaczego? [dla**tschä**go]
Wofür?	Za co? [sa zo]

Uhrzeit

Wie spät ist es (genau), bitte?	Która jest (dokładnie) godzina? [**ktu**ra jäßt (do**kwad**njä) go**dsi**na]

Links: Matrose auf Landgang Rechts: Eindrucksvolles Stimmungsbild vor dem Gewitter

Es ist	**Jest** [jäßt]
ein/zwei Uhr	*pierwsza/druga* godzina [pjärvscha/druga godsina]
Viertel nach 3	Kwadrans po trzeciej [kvadranß po tschäzjäj]
Viertel vor 5	Za kwadrans piąta [sa kvadranß pjõta]
15 Uhr 20	piętnasta dwadzieścia [pjẽtnaßta dvadsjäschzja]
halb 4	wpół do czwartej [vpuw do tschvartäj]
5 Minuten vor 6	za pięć szósta [sa pjẽtsch schußta]
12 Uhr mittags/Mitternacht.	dwunasta w południe/północ. [dvunaßta vpowudnjä/puwnoz]
Um wieviel Uhr müssen wir da sein?	O której godzinie musimy tam być? [o kturäj godsinjä mußimi tam bitsch]
Ungefähr um 12 Uhr./ Pünktlich um 12 Uhr.	Około godziny dwunastej./Punktualnie o dwunastej. [okowo godsini dvunaßtäj/punktualnjä o dvunaßtäj]
Wann gibt es *Frühstück/ Mittagessen/Abendessen*?	O której jest *śniadanie/obiad/kolacja*? [o kturäj jäßt schnjadanjä/objat/kolazja]
* Od ósmej do dziewiątej. [ot ußmäj do dsjävjõtäj]	Von 8 bis 9 Uhr.

Datum

Den wievielten haben wir heute?	Którego mamy dzisiaj? [kturägo mami dsißjaj]
Heute ist der *1./2./15.* August.	Dzisiaj jest *pierwszy/drugi/piętnasty* sierpnia. [dsißjaj jäßt pjärvschi/drugi/pjẽtnaßti ßjärpnja]
Ich bin geboren/Ich habe Geburtstag	**Urodziłem (-łam) się/Mam urodziny** [urodsiwäm (-wam) ßjẽ/mam urodsini]
am 12. Januar (1960).	dwunastego stycznia (tysiąc dziewięćset sześćdziesiątego roku). [dvunaßtägo ßtitschnja (tisjõz dsjävjẽtschßät schäschtschdsjäßjõtägo roku)]

Zeitangaben

abends	wieczorem [vjätschoräm]
am Wochenende	na week-end [na wikänt]
früh(morgens)	wcześnie (rano) [vtschäschnjä (rano)]
gestern	wczoraj [vtschoraj]
heute	dzisiaj [dsißjaj]
heute abend	dzisiaj wieczorem [dsißjaj vjätschoräm]
in 14 Tagen	za czternaście dni [sa tschtärnaschzjä dni]
(dieses/nächstes/voriges/ jedes) Jahr	(bieżącego/następnego/ubiegłego/każdego) roku [(bjä~~sch~~õzägo/naßtẽpnägo/ubjägwägo/ka~~sch~~dägo) roku]
jetzt	teraz [täraß]
Minute	minuta [minuta]
mittags	w południe [vpowudnjä]
morgen(s)	rano [rano]
nachmittags	po południu [po powudnju]

Wochentage

Montag poniedziałek [ponjä**dsja**wäk]
Dienstag wtorek [**vto**räk]
Mittwoch środa [**schro**da]
Donnerstag czwartek [**tschvar**täk]
Freitag piątek [**pjõ**täk]
Samstag sobota [ßo**bo**ta]
Sonntag niedziela [njä**dsjä**la]

Monate

Januar styczeń [**ßti**tschänj]
Februar luty [**lu**ti]
März marzec [**ma**s~~ch~~äz]
April kwiecień [**kvjä**zjänj]
Mai maj [maj]
Juni czerwiec [**tschär**vjäz]
Juli lipiec [**li**pjäz]
August sierpień [**ßjär**pjänj]
September wrzesień [**vschä**ßjänj]
Oktober październik [pasch**dsjär**nik]
November listopad [liß**to**pat]
Dezember grudzień [**gru**dsjänj]

Jahreszeiten

Frühling wiosna [**vjoß**na]
Sommer lato [**la**to]
Herbst jesień [**jä**ßjänj]
Winter zima [**si**ma]
Hochsaison/Nebensaison pełnia sezonu/sezon martwy [**päw**nja ßä**so**nu/**ßä**son **mart**vi]

nachts	w nocy [v**no**zi]
rechtzeitig	w porę [v**po**rẽ]
Sekunde	sekunda [ßä**kun**da]
spät/zu spät	późno/za późno [**pusch**no/sa **pusch**no]
später	później [**pusch**njäj]
Stunde	godzina [go**dsi**na]
täglich	codziennie [zo**dsjän**njä]
Tag	dzień [dsjänj]
übermorgen	pojutrze [po**ju**tschä]
vor (2 Tagen)	przed (dwoma dniami) [pschät (**dvo**ma **dnja**mi)]
vorgestern	przedwczoraj [pschät**vtscho**raj]
vormittags	przed południem [pschät po**wud**njäm]
Woche	tydzień [**ti**dsjänj]
zur Zeit	obecnie [o**bäz**njä]

Maßeinheiten

cm/m/km	centymetr/metr/kilometr [zen**ti**mätr/mätr/ki**lo**mätr]
m^2/km^2/ha	metr kwadratowy/kilometr kwadratowy/hektar [mätr kvadra**to**vi/ki**lo**mätr kvadra**to**vi/**chäk**tar]
m^3	metr sześcienny [mätr schäsch**zjän**ni]
km/h	kilometr na godzinę [ki**lo**mätr na go**dsi**nẽ]
(1/4 / 1/2) Liter	(ćwierć/pół) litra [(tschvjärtsch/puw) **lit**ra]
Gramm/Pfund/Kilo/Tonne	gram/funt/kilo/tona [gram/funt/**ki**lo/**to**na]
Sekunde/Minute/Stunde	sekunda/minuta/godzina [ßä**kun**da/mi**nu**ta/go**dsi**na]
Tag/Woche/Monat/Jahr	dzień/tydzień/miesiąc/rok [dsjänj/**ti**dsjänj/**mjä**ßjõz/rok]
Dutzend/Paar/Portion	tuzin/para/porcja [**tu**sin/**pa**ra/**por**zja]

Wetter

Wie schön es heute ist!	Jak pięknie jest dzisiaj! [jak **pjẽk**njä jäßt **dsi**ßjaj]
Bleibt es so *schlecht/schön*?	Czy nadal będzie tak *brzydko/ładnie*? [tschi **na**dal **bẽ**dsjä tak **bsehit**ko/**wad**njä]
Was sagt der Wetterbericht?	Co przepowiada komunikat meteorologiczny? [zo pschäpo**vja**da komu**ni**kat mätäorolo**gitsch**ni]
Es wird kälter./Es wird wärmer.	Oziębia się./Ociepla się. [o**sjẽ**bja ßjẽ/o**zjäp**la ßjẽ]
Es ist *heiß/schwül/windig/stürmisch/neblig.*	Jest *gorąco/duszno/wietrznie/burzliwie/mglisto.* [jäßt go**rõ**zo/**dusch**no/**vjätsch**njä/bu**sehli**vjä/**mgli**ßto]
Heute/Morgen soll es *regnen/schneien.*	*Dzisiaj/Jutro* ma padać *deszcz/śnieg.* [**dsi**ßjaj/**ju**tro ma **pa**dasch däschtsch/schnjäg]
Wie lange regnet es schon?	Jak długo już pada? [jak **dwu**go jusch **pa**da]
Wann hört es auf zu regnen?	Kiedy przestanie padać? [**kjä**di pschä**ßta**njä **pa**datsch]
Wieviel Grad haben wir?	Ile jest stopni? [**i**lä jäßt **ßtop**ni]
25 Grad (im Schatten).	Dwadzieścia pięć (w cieniu). [dva**dsjä**schzja pjẽtsch (v**zjä**nju)]

Farben

Ich suche eine *blaue/schwarze* Hose.	Szukam *niebieskich/czarnych* spodni. [**schu**kam njä**bjäß**kich/**tschar**nich **ßpod**ni]
Haben Sie dieses Hemd	**Czy ma pan (pani) taką koszulę** [tschi ma pan (**pa**ni) **ta**kõ ko**schu**lẽ]
auch in Weiß	także w białym kolorze [**tak**sehä v**bja**wim ko**lo**sehä]
in einer anderen Farbe?	w jakimś innym kolorze? [v**ja**kimsch **in**nim ko**lo**sehä]
Diese Farbe	**Ten kolor** [tän **ko**lor]
gefällt mir nicht	mi się nie podoba [mi ßjẽ njä po**do**ba]
ist mir *zu hell/zu dunkel.*	jest dla mnie *za jasny/za ciemny.* [jäßt dla mnjä sa **ja**ßni/sa **zjäm**ni]

Farben

beige beżowy [bä**seh**ovi]
blau niebieski [njä**bjäß**ki]
braun brązowy [brõ**so**vi]
bunt kolorowy [kolo**ro**vi]
dunkel ciemny [**zjäm**ni]
einfarbig jednokolorowy [jädnokolo**ro**vi]
gelb żółty [**sehuw**ti]
gemustert we wzory [vä **vso**ri]
gestreift w paski [v**paß**ki]
grau szary [**scha**ri]
grün zielony [sjä**lo**ni]
hell jasny [**jaß**ni]
kariert w kratkę [v**krat**kẽ]
lila liliowy [li**ljo**vi]
pink/rosa różowy [ru**seh**ovi]
rot czerwony [tschär**vo**ni]
schwarz czarny [**tschar**ni]
türkis turkusowy [turku**ßo**vi]
weiß biały [**bja**wi]

Wunderschön sind die vielen Alleen, die die polnischen Landstraßen säumen

Reisewege und Verkehrsmittel

An der Grenze

* Proszę paszport. [**pro**schẽ **pasch**port]	Ihren Paß.
* Proszę prawo jazdy. [**pro**schẽ **pra**vo **jas**dĩ]	Ihren Führerschein.
* Proszę papiery samochodowe. [**pro**schẽ pa**pjä**ri ßamocho**do**vä]	Ihre Fahrzeugpapiere.
Ich bin Tourist/Touristin auf Geschäftsreise.	**Jestem** [**jäß**täm] turystą/turystką [tu**ri**ßtõ/tu**rißt**kõ] służbowo. [ßwu~~sch~~**bo**vo]
* Czy ma pan (pani) coś do oclenia?/Czy macie państwo coś do oclenia? [tschi ma pan (**pa**ni) zosch do oz**lä**nja/tschi **ma**zjä **panj**ßtvo zosch do oz**lä**nja]	Haben Sie etwas zu verzollen?
Nein, ich habe nichts zu verzollen	**Nie, ja** [njä ja] nie mam nic do oclenia [njä mam niz do oz**lä**nja]
nur einige Geschenke.	mam parę prezentów. [**ma**mi **pa**rẽ prä**sän**tuv]
Wieviele . . . sind zollfrei?	**Ile . . . jest wolnych od cła?** [ilä . . . jäßt **vol**nich ot zwa]
Zigaretten	papierosów [papjä**ro**ßuv]
Liter *Wein/Spirituosen*	litrów *wina/napoi alkoholowych* [**li**truv **vi**na/na**po**i alkocho**lo**vich]

* Proszę otworzyć walizkę! [**pro**schẽ ot**vo**sehitsch va**liß**kẽ]
Öffnen Sie bitte den Koffer!

Nach dem Weg fragen

Wie komme ich
W jaki sposób dojdę (dojadę) [v**ja**ki **ßpo**ßup **doj**dẽ (do**ja**dẽ)]

- nach ... – do ... [do]
- zur Autobahn – do autostrady [do auto**ßtra**di]
- ins Zentrum – do centrum [do **zän**trum]
- zum ... Platz – do placu ... [do **pla**zu]
- zur ... Straße – na ulicę ... [na u**li**zẽ]
- zum Bahnhof/zum Busbahnhof – do dworca kolejowego/do dworca autobusowego [do **dvor**za koläjo**vä**go/do **dvor**za autobußo**vä**go]
- zum Flughafen/zum Hafen? – na lotnisko/do portu? [na lot**niß**ko/do **por**tu]

* Na skrzyżowaniu [na ßkschisehо**va**nju]
An der Kreuzung

* Za światłami [sa schvjat**wa**mi]
Nach der Ampel

*** Pięćset metrów dalej** [**pjẽt**ßät **mä**truv **da**läj]
Nach 500 Metern

- * skręcić *na prawo/na lewo* [**ßkrẽ**zitsch na **pra**vo/na **lä**vo] – *rechts/links* abbiegen
- * *jechać/iść* prosto [**jä**chatsch/ischtsch **proß**to] – geradeaus *fahren/gehen*
- * *jechać/iść* z powrotem. [**jä**chatsch/ischtsch ßpov**ro**täm] – zurück*fahren/-gehen.*

Ist das die Straße nach ...?
Czy ta ulica prowadzi do ...? [tschi ta u**li**za pro**va**dsi do]

Wie weit ist es nach ...?
Jak daleko jest do ...? [jak da**lä**ko jäßt do]

Können Sie mir das auf der Karte zeigen?
Czy może mi pan (pani) pokazać to na mapie? [tschi **mo**sehä mi pan (**pa**ni) po**ka**satsch to na **ma**pjä]

Ein Auto, Motorrad oder Fahrrad mieten

Ich möchte ... mieten.
Chciałbym (Chciałabym) wynająć [**chzjaw**bim (chzja**wa**bim) vi**na**jõtsch]

- ein Auto – samochód [ßa**mo**chut]
- einen Geländewagen – samochód terenowy [ßa**mo**chut tärä**no**vi]
- einen Kleinbus – mikrobus [mi**kro**buß]
- ein Wohnmobil – samochód kempingowy [ßa**mo**chut kämpin**go**vi]
- ein Motorrad – motocykl [mo**to**zikl]
- ein Moped – motorower [moto**ro**vär]
- einen Motorroller – skuter [**ßku**tär]
- ein Fahrrad – rower [**ro**vär]
- ein Mountainbike – rower górski [**ro**vär **gurß**ki]
  - für 2 Tage/für 1 Woche – na dwa dni/na tydzień [na dva dni/na **ti**dsjänj]
  - ab *heute/morgen* – od *dzisiaj/jutra.* [ot **dsi**ßjaj/**ju**tra]

Wieviel kostet das Fahrzeug
pro Tag/pro Woche
pro gefahrenen Kilometer?

Ile kosztuje wynajęcie pojazdu [ilä koschtujä vinajẽzjä pojasdu]
na dzień/na tydzień [na dsjänj/na tidsjänj]
za przejechany kilometr? [sa pschäjächani kilomätr]

Gibt es eine Kilometerbegrenzung?
Czy istnieje jakiś limit kilometrów? [tschi ißtnjäjä jakisch limit kilomätruv]

Welches Benzin muß ich tanken?
Jaką benzynę muszę tankować? [jakõ bänsinẽ muschẽ tankovatsch]

Ist das Fahrzeug vollkaskoversichert?
Czy samochód ma ubezpieczenie auto-casco? [tschi ßamochut ma ubäßpjätschänjä autokaßko]

Wie hoch ist die Selbstbeteiligung?
Ile wynosi udział własny? [ilä vinoßi udsjaw vwaßni]

Bis wann muß ich das Fahrzeug zurückbringen?
Do kiedy muszę oddać samochód? [do kjädi muschẽ otdatsch ßamochut]

Bitte erklären Sie mir genau alle Funktionen.
Proszę mi dokładnie wyjaśnić działanie. [proschẽ mi dokwadnjä vijaschnitsch dsjawanjä]

Parken

Kann ich hier parken?
Czy mogę tu parkować? [tschi mogẽ tu parkovatsch]

Gibt es hier
einen (bewachten) Parkplatz
ein Parkhaus/eine Garage?

Czy jest tutaj [tschi jäßt tutaj]
parking (strzeżony) [parking (ßtschäsehoni)]
garaż piętrowy/garaż? [garaseh pjẽtrovi/garaseh]

Ist das Parkhaus nachts geöffnet?
Czy garaż piętrowy otwarty jest w nocy? [tschi garaseh pjẽtrovi otvarti jäßt vnozi]

* Brak miejse. [brak mjäßz]
Belegt.

Wie hoch ist die Parkgebühr
pro Stunde
pro Tag
pro Nacht?

Ile wynosi opłata za parking [ilä vinoßi opwata sa parking]
za godzinę [sa godsinẽ]
za dzień [sa dsjänj]
za noc? [sa noz]

Verkehrsschilder

Budowa Baustelle
Droga dla rowerzystów Radweg
Droga objazdowa Umgehungsstraße
Garaż piętwowy Parkhaus
Jechać prawą stroną Rechts fahren
Kontrola radarowa Radarkontrolle
Nie blokować wyjadzu Ausfahrt freihalten
Niebezpieczeństwo Gefahr
Niebezpieczny zakręt Gefährliche Kurve
Objazd Umleitung
Przestrzegać pierwszeństwa przejazdu Vorfahrt beachten
Ulica jednokierunkowa Einbahnstraße
Ulica ślepa Sackgasse
Uwaga Achtung
Wolno jechać Langsamer fahren
Zakaz parkowania Parkverbot
Zakaz wyprzedzania Überholverbot
Zator Stau

Tanken in Polen – kein Problem mehr!

Wer mit dem eigenen fahrbaren Untersatz durch Polen reist, muß natürlich tanken. Inzwischen bekommt man auch in Polen neben verbleitem Normalbenzin überall bleifreies Normalbenzin und Super bleifrei. In Polen ist das Tanken also problemlos geworden. Flächendeckend finden sich moderne, gut ausgestattete Tankstellen der großen internationalen Konzerne, in denen auch Reisebedarf verkauft wird. Das weiß vor allem derjenige zu schätzen, der die katastrophalen früheren Verhältnisse miterlebt hat. Die wenigen Tankstellen lagen weit verstreut, hatten meist abends und sonntags geschlossen oder hatten kein Benzin mehr, so daß man dann ohne einen gefüllten Ersatzkanister verloren war – es sei denn, man hatte Glück und konnte ein vorbeikommendes Auto stoppen, um es „anzuzapfen".

Hier als kleine Hilfestellung die Kennzeichnung der Zapfsäulen:

Etylina 94 (gelbe Markierung) – Normalbenzin verbleit

Etylina 98 (rote Markierung) – Super verbleit

Pb 95 (grüne Markierung) – Normalbenzin bleifrei

Pb 98 (grüne Markierung) – Super bleifrei

ON (schwarze Markierung) – Diesel

Tanken

Wo ist bitte die nächste Tankstelle?	Gdzie jest najbliższa stacja benzynowa? [gdsjä jäßt naj**bli~~sch~~**scha **ßtaz**ja bänsi**no**va]
Bitte volltanken.	Proszę napełnić zbiornik. [**pro**schẽ na**päw**nitsch **ßbior**nik]
Bitte 20 Liter	**Proszę dwadzieścia litrów** [**pro**schẽ dva**dsjäsch**zja **li**truv]
Normalbenzin	benzyny zwyczajnej [bän**si**ni ßvi**tschaj**näj]
Super	benzyny wysokooktanowej [bän**si**ni vi**ßo**kookta**no**väj]
Diesel	oleju napędowego [o**lä**ju napẽdo**vä**go]
bleifrei/verbleit	benzyny bezołowiowej/benzyny zwyczajnej [bän**si**ni bäßowo**vjo**väj/bän**si**ni ßvi**tschaj**näj]
Zweitaktmischung.	mieszanki do silników dwutaktowych. [mjä**schan**ki do ßil**ni**kuv dvutak**to**vich]
Ich möchte bitte 1/2 Liter Öl.	Proszę pół litra oleju. [**pro**schẽ puw **li**tra o**lä**ju]
Bitte prüfen Sie	**Proszę sprawdzić** [**pro**schẽ **ßprav**dsitsch]
den Ölstand	poziom oleju [**po**sjom o**lä**ju]
den Reifendruck	ciśnienie w oponach [zisch**njä**njä vo**po**nach]
das Kühlwasser.	ciecz chłodzącą. [zjätsch chwo**dsõ**zõ]

Panne, Unfall

Ich habe *eine Reifenpanne/ eine Panne.*	Mam *defekt koła/awarię.* [mam **dä**fäkt **ko**wa/a**va**rjẽ]
Ich habe einen Unfall.	Miałem (-łam) wypadek. [**mja**wäm (-wam) vi**pa**däk]

Bitte nehmen Sie mich mit	**Proszę, niech mnie pan (pani) podwiezie** [**pro**schẽ njäch mnjä pan (**pa**ni) pod**vjä**sjä]
zur nächsten Tankstelle	do najbliższej stacji benzynowej [do naj**bli~~sch~~**schäj **ßtaz**ji bänsi**no**väj]
zu einer Werkstatt.	do warsztatu. [do varsch**ta**tu]
Können Sie	**Czy może pan (pani)** [tschi **mo**~~sch~~ä pan (**pa**ni)]
mich abschleppen	mnie odholować [mnjä otcho**lo**vatsch]
mir (anschieben) helfen	mi pomóc (popchnąć) [mi **po**muz (**pop**chnõtsch)]
mir Starthilfe geben	pomóc mi uruchomić silnik [**po**muz mi uru**cho**mitsch **ßil**nik]
mir Benzin leihen	pożyczyć mi benzyny [po**~~sch~~i**tschitsch mi bän**si**ni]
mir Ihren Wagenheber leihen	pożyczyć mi podnośnik [po**~~sch~~i**tschitsch mi pod**nosch**nik]
den Pannendienst benachrichtigen	zawiadomić pomoc drogową [savja**do**mitsch **po**moc dro**go**võ]
die Polizei/die Feuerwehr rufen	wezwać *policję/straż pożarną* [**väs**vatsch po**liz**jẽ/ßtra~~sch~~ po**~~sch~~ar**nõ]
einen Krankenwagen rufen	wezwać karetkę pogotowia [**väs**vatsch ka**rät**kẽ pogo**to**vja]
einen Arzt rufen?	wezwać lekarza? [**väs**vatsch lä**ka**~~sch~~a]
Sind Sie verletzt?	Czy jest pan ranny (pani ranna)? [tschi jäßt pan **ran**ni (**pa**ni **ran**na)]
Es ist niemand verletzt.	Nie ma rannych. [njä ma **ran**nich]
Es ist jemand (schwer) verletzt.	Jedna osoba jest (ciężko) ranna. [**jed**na oß**o**ba jäßt (cjẽ~~sch~~ko) **ran**na]
Geben Sie mir bitte	**Proszę podać mi** [**pro**schẽ **po**datsch mi]
Ihren Namen und Ihre Anschrift	pańskie (pani) nazwisko i adres [**panj**ßkjä (**pa**ni) nas**viß**ko i **ad**räß]
Ihre Versicherungsnummer.	numer pańskiej (pani) polisy ubezpieczeniowej. [**nu**mär **panj**ßkjäj (**pa**ni) po**li**ßi ubäßpjätschä**njo**väj]

Links: Auf dem Oberländischen Kanal sind die Schiffe auch auf dem Landweg unterwegs
Rechts: Straßenschild in Breslau

Ich bin/Sie sind/Er ist	**Ja jechałem (-łam)/Pan jechał (Pani jechała)/ On jechał** [ja jä**cha**wäm (-wam)/pan **jä**chaw (**pa**ni jä**cha**wa)/on **jä**chaw]
zu schnell gefahren	za szybko [sa **schip**ko]
zu dicht aufgefahren.	za blisko. [sa **bliß**ko]
Ich habe/Sie haben	**Ja/Pan (Pani)** [ja/pan (**pa**ni)]
die Vorfahrt mißachtet	zlekceważyłem (-łam)/zlekceważył (zlekceważyła) pierwszeństwo przejazdu. [ßläkzäva**~~seh~~i**wem (-wam)/ßläkzä**va~~seh~~**iw (ßläkzäva**schi**wa) pjärv**schänj**ßtvo pschä**jas**du]
das Rotlicht übersehen.	przeoczyłem (-łam)/przeoczył (przeoczyła) czerwone światło. [pschäo**tschi**wäm (-wam)/pschä**o**tschiw (pschäo**tschi**wa) tschär**vo**nä **schwjat**wo]
Sind Sie Zeuge des Unfalls?	Czy pan (pani) jest świadkiem wypadku? [tschi pan (**pa**ni) jäßt **schvjat**kjäm vi**pat**ku]
Vielen Dank für Ihre Hilfe.	Bardzo dziękuję za pańską (pani) pomoc. [**bar**dso dsjẽ**ku**jẽ sa **panj**ßkõ (**pa**ni) **po**moz]

Werkstatt

Gibt es hier eine (VW-)Werkstatt?	Czy jest tutaj warsztat (VW)? [tschi jäßt **tu**taj **var**schtat (vau vä)]
Der Motor	**Silnik** [**ßil**nik]
springt nicht an	nie chce zapalić [njä chzä sa**pa**litsch]
verliert Öl	traci olej [**tra**zi **o**läj]
funktioniert nicht richtig.	nie działa prawidłowo. [njä **dsja**wa pravid**wo**vo]
Die Bremsen sind nicht in Ordnung.	Hamulce nie są w porządku. [cha**mul**zä njä sõ vpo**~~seh~~õt**ku]
Die Kontrollampe leuchtet.	Lampka kontrolna świeci. [**lamp**ka kon**trol**na **schvjä**zi]
Der Auspuff/Der Kühler ist *undicht/defekt.*	*Rura wydechowa/Chłodnica* jest *nieszczelna/ zepsuta.* [**ru**ra vidä**cho**va/chwod**ni**za jäßt njä**schtschäl**na/ säp**ßu**ta]
Was kostet die Reparatur?	Ile kosztuje naprawa? [ilä kosch**tu**jä na**pra**va]
Wann ist der Wagen fertig?	Kiedy samochód będzie gotowy? [**kjä**di ßa**mo**chut **bẽ**dsjä go**to**vi]

Autostopp

Fahren Sie nach ...?	Czy pan (pani) jedzie do ...? [tschi pan (**pa**ni) **jä**dsjä do]
Können Sie mich mitnehmen?	Czy może mnie pan (pani) zabrać z sobą? [tschi **mo~~seh~~**ä mnjä pan (**pa**ni) **sa**bratsch ßß**o**bõ]
Ich möchte hier aussteigen!	Chciałbym (Chciałabym) tutaj wysiąść! [**chzjaw**bim (chzja**wa**bim) **tu**taj **vi**ßjöschtsch]
Danke fürs Mitnehmen!	Dziękuję za podwiezienie! [dsjẽ**ku**jẽ sa podvjä**sjä**njä]

Auto, Motorrad, Fahrrad

Abschleppseil	lina holownicza [**li**na cholov**ni**tscha]
Auspuff	rura wydechowa [**ru**ra vidä**cho**va]
Autoschlüssel	kluczyki samochodowe [klu**tschi**ki ßamocho**do**vä]
Batterie	akumulator [akumu**la**tor]
Bremse	hamulec [cha**mu**läz]
Ersatzteil	część zapasowa [tschẽschtsch sapa**ßo**va]
Flickzeug	zestaw naprawczy [**säß**tav na**prav**tschi]
Frostschutzmittel	środek przeciw zamarzaniu [**schro**däk **pschä**ziv samar**sa**nju]
Gang (1./2./3./4./5.)	bieg (pierwszy/drugi/trzeci/czwarty/piąty) [bjäg (**pjärv**schi/**dru**gi/**tschä**zi/**tschvar**ti/**pjõ**ti)]
Glühbirne	żarówka [~~sch~~a**ruv**ka]
Handbremse	hamulec ręczny [cha**mu**läz **rẽtsch**ni]
Heizung	ogrzewanie [og~~sch~~ä**va**njä]
Katalysator	katalizator [katali**sa**tor]
Keilriemen	pas klinowy [paß kli**no**vi]
(Fahrrad-)Kette	łańcuch [**wanj**zuch]
Kindersitz	siedzenie dla dziecka [ßjä**dsä**njä dla **dsjäz**ka]
Kühler	chłodnica [chwod**ni**za]
Kupplung	sprzęgło [**ßpschẽg**wo]
Kurzschluß	zwarcie [**svar**zjä]
Luftpumpe	pompa powietrzna [**pom**pa po**vjätsch**na]
Motor	silnik [**ßil**nik]
Motorradhelm	hełm motocyklowy [chäwm motozi**klo**vi]
Reifen	opona [o**po**na]
Reparatur	naprawa [na**pra**va]
Reserverad	koło zapasowe [**ko**wo sapa**ßo**vä]
Rücklicht	światło odblyskowe [**schvjat**wo otbwiß**ko**vä]
Scheibenwischer	wycieraczka [vizjä**ratsch**ka]
Scheinwerfer	reflektor [räf**läk**tor]
Schlauch	dętka [**dẽt**ka]
Schraube	śruba [**schru**ba]
Schraubenzieher	śrubokręt [schru**bo**krẽt]
Sicherheitsgurt	pas bezpieczeństwa [paß bäßpjä**tschänj**ßtva]
Sicherung	bezpiecznik [bäß**pjätsch**nik]
Ventil	zawór [**sa**vur]
Verbandskasten	apteczka podręczna [ap**tätsch**ka pod**rẽtsch**na]
Warndreieck	ostrzegawczy trójkąt odblaskowy [oßtschä**gav**tschi **truj**kõt otblaß**ko**vi]
Werkzeug	narzędzia [na**~~sch~~ẽ**dsja]
Zündkerzen	świece zapłonowe [**schvjä**zä sapwo**no**vä]

Hinweisschilder

Hamulec bezpieczeń-stwa Notbremse
Informacja Auskunft
Kuszetki Liegewagen
Peron Bahnsteig
Toalety Toiletten
Tor Gleis
Umywalnia Waschraum
Wagon restauracyjny Speisewagen
Wagon sypialny Schlafwagen
Woda niezdatna do picia Kein Trinkwasser!
Wolny Frei
Wyjście Ausgang
Zajęty Besetzt

Mit Bahn und Bus unterwegs

Wo ist der *Bahnhof/ Busbahnhof*, bitte?	Gdzie jest *dworzec kolejowy/dworzec autobusowy*? [gdsjä jäßt **dvo**schäz kolä**jo**vi/**dvo**schäz autobu**ßo**vi]
Wann fährt ein *Zug/Bus* nach ...?	O której odjeżdża *pociąg/autobus* do ...? [o **ktu**räj ot**jäsch**tscha **po**zjõg/au**to**buß do]
Wann kommt der *Zug/Bus* in ... an?	O której przyjeżdża *pociąg/autobus* do ...? [o **ktu**räj pschi**jäsch**tscha **po**zjõg/au**to**buß do]
Habe ich in ... Anschluß nach ...?	Czy mam w ... połączenie do ...? [tschi mam v ... powõ**tschä**njä do]
Was kostet die Fahrt?	Ile kosztuje przejazd? [**i**lä kosch**tu**jä **pschä**jaßt]
Bitte eine Karte/Karten	**Proszę bilet/bilety** [**pro**schẽ **bi**lät/bi**lä**ti]
nach ...	do ... [do]
einfach/hin und zurück	w jedną stronę/tam i z powrotem [v**jäd**nõ **ßtro**nẽ/tam i ßpov**ro**täm]
erster/zweiter Klasse	*pierwszej/drugiej* klasy [**pjärv**schäj/**dru**gjäj **kla**ßi]
für 2 Erwachsene und 2 Kinder.	dla dwóch dorosłych i dwojga dzieci. [dla dvuch do**roß**wich i **dvoj**ga **dsjä**zi]
Bitte reservieren Sie für den Zug/für den Bus	**Proszę zarezerwować mi w pociągu/ w autobusie** [**pro**schẽ saräsär**vo**vatsch mi vpo**zjõ**gu/vauto**bu**ßjä]
nach ...	do ... [do]
um 14 Uhr	o godzinie czternastej [o go**dsi**njä tschtär**naß**täj]
einen (Fenster-)Platz	miejsce (przy oknie) [**mjäj**ßzä (pschi **ok**njä)]
Nichtraucher/Raucher	w przedziale dla *niepalących/palących* [vpschä**dsja**lä dla njäpa**lõ**zich/pa**lõ**zich]
einen Liegewagenplatz	kuszetkę [ku**schät**kẽ]
einen Schlafwagenplatz.	miejsce w wagonie sypialnym. [**mjäj**ßzä v va**go**njä ßi**pjal**nim]
Ich möchte	**Chciałbym (Chciałabym)** [**chzjaw**bim (chzja**wa**bim)]
mein Fahrrad mitnehmen	zabrać z sobą rower [**sa**bratsch **ßßo**bõ **ro**vär]
dieses Gepäck aufgeben.	nadać bagaż. [**na**datsch **ba**gasch]

Wo finde ich bitte	**Gdzie znajduje się** [gdsjä ßnaj**du**jä ßjẽ]
den Informationsschalter	informacja [infor**ma**zja]
die Gepäckaufbewahrung?	przechowalnia bagażu? [pschächo**val**nja ba**ga**~~sch~~u]
Wo gibt es Schließfächer?	Gdzie są skrytki na bagaż? [gdsjä sõ **skrit**ki **na ba**gasch]
Ist das der *Zug/Bus* nach ...?	Czy to jest *pociąg/autobus* do ...? [tschi to jäßt **po**zjõg/au**to**buß do]
Ist dieser Platz frei, bitte?	Czy to miejsce jest wolne? [tschi to **mjäj**ßzä jäßt **vol**nä]
Entschuldigung, das ist mein Platz!	Przepraszam, to moje miejsce! [pschä**pra**scham to **mo**jä **mjäj**ßzä]

Mit dem Flugzeug unterwegs

Ich möchte	**Chciałbym (Chciałabym)** [**chzjaw**bim (chzja**wa**bim)]
einen Flug buchen nach ...	zarezerwować lot do ... [saräsär**vo**vatsch lot do]
für *1/2/4* Personen	dla *jednej/dwóch/czterech* osób [dla **jäd**näj/dvuch/**tschtä**räch **o**ßup]
am ...	na ... [na]
einfach/Hin- und Rückflug	w jedną stronę/tam i z powrotem [v**jäd**nõ **ßtro**nẽ/tam i ßpov**ro**täm]
Touristenklasse/1. Klasse	klasy turystycznej/pierwszej klasy [**kla**ßi turiß**titsch**näj/**pjärv**schäj **kla**ßi]
einen Flug rückbestätigen	potwierdzić lot [pot**vjär**dsitsch lot]
stornieren/umbuchen.	stornować/zmienić rezerwację. [ßtor**no**vatsch/**ßmjä**nitsch räsär**vaz**jẽ]
Wo ist	**Gdzie jest** [gdsjä jäßt]
Terminal *1/2/3*	terminal *pierwszy/drugi/trzeci* [tär**mi**nal **pjärv**schi/**dru**gi/**tschä**zi]
der LOT-Schalter	biuro LOT-u [**bju**ro **lo**tu]
der Informationsschalter?	informacja? [infor**ma**zja]
Wann landet die Maschine aus ...?	Kiedy ląduje samolot z ...? [**kjä**di lõ**du**jä ßa**mo**lot ß]
Sind noch Plätze frei	**Czy są jeszcze wolne miejsca** [tschi sõ **jäsch**tschä **vol**nä **mjäj**ßza]
am Fenster/am Gang	przy oknie/przy przejściu [pschi **ok**njä/pschi **pschäj**schzju]
für Raucher/für Nichtraucher?	dla palących/dla niepalących? [dla pa**lõ**zich/dla njäpa**lõ**zich]
Wieviel kostet der Flug?	Ile kosztuje lot? [**i**lä kosch**tu**jä lot]
Gibt es Sondertarife?/Gibt es Stand-by-Plätze?	Czy jest taryfa specjalna?/Czy są miejsca z listy rezerwowej? [tschi jäßt ta**ri**fa ßpäz**jal**na/tschi sõ **mjäj**ßza ß**liß**ti räsär**vo**väj]
Wann muß ich am Flughafen sein?	Kiedy mam być na lotnisku? [**kjä**di mam bitsch na lot**niß**ku]
Hat die Maschine aus ... Verspätung?	Czy samolot z ... ma spóźnienie? [tschi ßa**mo**lot ß ... ma ßpuß**njä**njä]

Mein Koffer/Meine Tasche
Moja walizka/Moja torba
[**mo**ja va**liß**ka/**mo**ja **tor**ba]

ist beschädigt
jest uszkodzona [jäßt uschko**dso**na]

ist verschwunden.
zaginęła. [sagi**nẽ**wa]

Mit dem Schiff unterwegs

Wann fährt *ein Schiff/eine (Auto-)Fähre* nach ...?
Kiedy odpływa *statek/prom (samochodowy)* do ...?
[**kjä**di ot**pwi**va **ßta**täk/prom (ßamocho**do**vi) do]

Wie lange dauert die Überfahrt?
Jak długo trwa przejazd?
[jak **dwu**go trva **pschä**jaßt]

Ich möchte
Chciałbym (Chciałabym)
[**chzjaw**bim (chzja**wa**bim)]

eine Schiffskarte nach ...
bilet na statek do ... [**bi**lät na **ßta**täk do]

1./2. Klasse
pierwszej/drugiej klasy
[**pjärv**schäj/**dru**gjäj **kla**ßi]

Liegesitze
kajutę [ka**ju**tẽ]

eine Einzelkabine
kabinę pojedynczą [ka**bi**nẽ pojä**din**tschõ]

eine Zweibettkabine
kabinę dwuosobową [ka**bi**nẽ dvuoßo**bo**võ]

eine *Außen-/Innen*kabine.
kabinę *zewnętrzną/wewnętrzną.*
[ka**bi**nẽ säv**nẽtsch**nõ/väv**nẽtsch**nõ]

Ich möchte mein Auto mitnehmen.
Chciałbym (Chciałabym) zabrać ze sobą samochód. [**chzjaw**bim (chzja**wa**bim) **sa**bratsch sä ßobõ ßa**mo**chut]

Wann muß ich/Wann müssen wir an Bord sein?
Kiedy mam być/Kiedy musimy być na pokładzie? [**kjä**di mam bitsch/**kjä**di mu**ßi**mi bitsch na pok**wa**dsjä]

Städtische Verkehrsmittel

Bus, Straßenbahn und U-Bahn

Gibt es einen Bus nach ...?
Czy jakiś autobus jedzie do ...?
[tschi **ja**kisch au**to**buß **jä**dsjä do]

Wie lange dauert die Fahrt?
Jak długo trwa przejazd?
[jak **dwu**go trva **pschä**jaßt]

Unterwegs mit den städtischen Verkehrsmitteln

Fahrscheine für die öffentlichen städtischen Verkehrsmittel erhält man an Zeitungskiosken *(kiosk)*. Nur bei Nachtbussen besteht die Möglichkeit, den Fahrschein – wenngleich teurer als tagsüber am Kiosk – auch beim Busfahrer zu kaufen. Beim Betreten des Busses oder der Straßenbahn muß man den Fahrschein dann entwerten. In der Regel gibt es für die Fahrt mit öffentlichen städtischen Verkehrsmitteln einen Einheitspreis, der bei jedem Umsteigen erneut bezahlt werden muß. Lediglich in einigen großen Städten, wie etwa in Danzig, richtet sich der Fahrpreis nach der Länge der Fahrstrecke.

Wo ist bitte die nächste	**Gdzie jest najbliższy** [gdsjä jäßt naj**bli~~sch~~**schi]
Bushaltestelle	przystanek autobusowy [pschi**ßta**näk autobu**ßo**vi]
Straßenbahnhaltestelle?	przystanek tramwajowy? [pschi**ßta**näk tramva**jo**vi]
Wo ist die nächste U-Bahn-station?	Gdzie jest najbliższa stacja metra? [gdsjä jäßt naj**bli~~sch~~**scha **ßtaz**ja **mät**ra]
... fährt nach ...?	**... jedzie do ...?** [**jä**dsjä do]
Welcher Bus	Jaki autobus [**ja**ki au**to**buß]
Welche Straßenbahn	Jaki tramwaj [**ja**ki **tram**vaj]
Welche U-Bahn	Jakie metro [**ja**kjä **mät**ro]
Wann fährt *der letzte Bus/ die letzte Bahn*?	O której jedzie *ostatni autobus/ostatnie metro?* [o **ktü**räj **jä**dsjä o**ßtat**ni au**to**buß/o**ßtat**njä **mät**ro]
Ist dies *der richtige Bus/ die richtige Straßenbahn* nach ...?	Czy to jest *właściwy autobus/właściwy tramwaj* do ...? [tschi to jäßt vwasch**zi**vi au**to**buß/ vwasch**zi**vi **tram**vaj do]
Wo muß ich	**Gdzie muszę** [gdsjä **mu**schẽ]
aussteigen	wysiąść [**vi**ßjõschtsch]
umsteigen nach ...	przesiąść się do ... [**pschä**ßjõschtsch ßjẽ do]
umsteigen	przesiąść się [**pschä**ßjõschtsch ßjẽ]
zum Bahnhof	do dworca [do **dvor**za]
zum Flughafen	na lotnisko [na lot**niß**ko]
zum Hotel ...	do hotelu ... [do cho**tä**lu]
ins Zentrum?	do centrum? [do **zän**trum]
Sagen Sie mir bitte, wann ich aussteigen muß.	Proszę mi powiedzieć, kiedy mam wysiąść? [**pro**schẽ mi pov**jä**dsjätsch **kjä**di mam **vi**ßjõschtsch]
Einen Fahrschein nach ... bitte.	Proszę bilet do ... [**pro**schẽ **bi**lät do]
Halten Sie bitte hier!	Niech pan (pani) zatrzyma się tutaj! [njäch pan (**pa**ni) sa**tschi**ma ßjẽ **tu**taj]

Taxi

Wo ist der nächste Taxistand?	Gdzie jest najbliższy postój taksówek? [gdsjä jäßt naj**bli~~sch~~**schi **poß**tuj tak**ßu**väk]
Fahren Sie mich bitte	**Proszę zawieść mnie** [**pro**schẽ **sa**vjäschtsch mnjä]
zum Bahnhof	na dworzec [na **dvo~~sch~~**äz]
zum Hotel	do hotelu [do cho**tä**lu]
zum Flughafen	na lotnisko [na lot**niß**ko]
in die Innenstadt	do śródmieścia [do schrud**mjäsch**zja]
nach ...	do ... [do]
Was kostet die Fahrt *nach/ zum (zur)* ...?	Ile kosztuje przejazd *do/na* ...? [ilä kosch**tu**jä **pschä**jaßt do/na]
Halten Sie hier bitte.	Niech pan (pani) się tutaj zatrzyma. [njäch pan (**pa**ni) ßjẽ **tu**taj sa**tschi**ma]
Das ist für Sie!	To jest dla pana (pani)! [to jäßt dla **pa**na (**pa**ni)]

Idyllisch am Wasser gelegener Campingplatz mit Ferienhäuschen

Unterkunft

Hotel und Privatzimmer

Gibt es hier
ein *gutes/preiswertes* Hotel
eine Pension
in Strandnähe
zentral gelegen
in ruhiger Lage?

Czy jest tu [tschi jäßt tu]
dobry/tani hotel [**do**bri/**ta**ni **cho**täl]
pensjonat [pänß**jo**nat]
blisko plaży [**bli**ßko **pla**seh i]
w centrum [v**zän**trum]
zacisznie położony?
[sa**zisch**niä powo**seho**ni]

Wo ist *das Hotel/die Pension* ...?

Gdzie jest *hotel/pensjonat* ...?
[gdsjä **jä**ßt **cho**täl/pänß**jo**nat]

An der Rezeption

Ich habe ein Zimmer reserviert.
Mein Name ist ...

Zarezerwowałem (-łam) pokój.
[saräsärvo**va**wem (-**va**wam) **po**kuj]
Nazywam się ... [na**si**vam ßjẽ]

Haben Sie ein Zimmer frei
für eine Nacht
für *1 Tag/2 Tage/3 Tage*
für *1 Woche/2 Wochen/3 Wochen*?

Czy ma pan (pani) wolny pokój
[tschi ma pan (**pa**ni) **vo**lni **po**kuj]
na jedną dobę [na **je**dnõ **do**bẽ]
na *jeden dzień/dwa dni/trzy dni*
[na **jä**den dsjänj/dva dni/tschi dni]
na *jeden tydzień/dwa tygodnie/trzy tygodnie*?
[na **jä**den **ti**dsjänj/dva ti**go**dnjä/tschi ti**go**dnjä]

* Niestety nie mamy już wolnych pokoi.
[niä**ßtä**ti njä **ma**mi juseh
volnich po**koi**]

Wir sind leider ausgebucht.

* Wolne pokoje będziemy mieć od ... [**vol**nä po**ko**jä bẽ**dsjä**mi mjätsch ot]	Ab ... wird etwas frei.
Ich möchte/Wir möchten	**Chciałbym (Chciałabym)/Chcielibyśmy** [**chziaw**bim (chzia**wa**bim)/chziäli**bi**schmi]
ein Zimmer mit Dusche	pokój z prysznicem [**po**kuj ßprisch**ni**zäm]
ein Einzelzimmer	pokój jednoosobowy [**po**kuj **jä**dno‿oßo**bo**vi]
ein Doppelzimmer	pokój dwuosobowy [**po**kuj dvu‿oßo**bo**vi]
ein Zweibettzimmer	pokój z dwoma łóżkami [**po**kuj s**dvo**ma wu~~seh~~kami]
mit Bad und Toilette	z łazienką i toaletą [ßwa**sjän**kõ i toa**lä**tõ]
zum Strand/zur Straße.	od plaży/od ulicy. [od **pla**~~seh~~i/od u**li**zi]
Wieviel kostet das Zimmer	**Ile kosztuje pokój** [**i**le kosch**tu**jä **po**kuj]
pro Person	od osoby [ot o**ßo**bi]
pro Nacht	za dobę [sa **do**bẽ]
pro Woche	za tydzień [sa **ti**dsjänj]
mit Frühstück/ohne Frühstück	ze śniadaniem/bez śniadania [sä schnja**da**njäm/bäß schnja**da**nja]
mit Halbpension	z dwoma posiłkami [ß**dvo**ma poßiw**ka**mi]
mit Vollpension	z całodziennym utrzymaniem [ßzawo**dsjän**nim utschi**ma**njäm]
für Kinder?	dla dzieci? [dla ds**jä**zi]
Ist das Zimmer mit *Fernseher/Telefon*?	Czy w pokoju jest *telewizor/telefon*? [tschi vpo**ko**ju jäßt tälä**vi**sor/tä**lä**fon]
Ich möchte das Zimmer sehen.	Chciałbym (Chciałabym) zobaczyć ten pokój. [**chzja**wbim (chzja**wa**bim) so**ba**tschitsch tän **po**kuj]
Das Zimmer ist *schön/in Ordnung*.	Pokój jest *ładny/w porządku*. [**po**kuj jäßt **wa**dni/vpo**~~seh~~õ**tku]
Das Zimmer gefällt mir nicht.	Ten pokój mi się nie podoba. [tän **po**kuj mi ßjẽ njä po**do**ba]
Haben Sie ein anderes Zimmer?	Czy ma pan (pani) jakiś inny pokój? [tschi ma pan (**pa**ni) **ja**kisch **in**ni **po**kuj]
Kann ich mit *EC-Karte/Kreditkarte* bezahlen?	Czy mogę płacić *kartą bankomatową/kartą kredytową*? [tschi **mo**gẽ **pwa**zitsch **kar**tõ bankoma**to**wõ/**kar**tõ krädi**to**wõ]
Haben Sie	**Czy macie państwo** [tschi **ma**zjä **panj**ßtvo]
einen Parkplatz	parking [**par**king]
eine (bewachte) Garage	(strzeżony) garaż [(ßtschä**~~seh~~o**ni) **ga**ra~~seh~~]
einen Safe	sejf [ßäjf]
ein Schwimmbad	basen [**ba**ßän]
eine Sauna	saunę [**ßau**nẽ]
einen eigenen Strand?	własną plażę? [**vwa**ßnõ **pla**~~seh~~ẽ]
Wann gibt es	**O której jest** [o **ktu**räj jäßt]
Frühstück	śniadanie [schnja**da**njä]
Mittagessen	obiad [**o**bjat]
Abendessen?	kolacja? [ko**la**zja]

▶ **(Zu den Mahlzeiten siehe Essen und Trinken, S. 40.)**

Landgasthöfe

An den Hauptverbindungsstraßen in Polen werden Sie häufig Schildern mit der Aufschrift *Zajazd* (Gasthaus) oder *Zajazd zaprasza* (Ein Gasthaus lädt ein) begegnen. Hierbei handelt es sich um kleine Landgasthöfe, in denen man nicht nur gut essen, sondern auch übernachten kann. Übernachtungsmöglichkeiten in Privathäusern sind durch Schilder mit der Aufschrift *Pokój/ Pokoje do wynajęcia* (Zimmer/Zimmer frei) angezeigt.

Wecken Sie mich morgen bitte um 7 Uhr!
Proszę mnie obudzić jutro o siódmej godzinie!
[**pro**schẽ mnjä o**bud**sitch **jut**ro o **ßjud**mäj go**dsi**njä]

Meinen Schlüssel, bitte!
Poproszę klucz! [po**pro**schẽ klutsch]

Zimmer Nummer 10, bitte!
Pokój numer dziesięć, proszę!
[**po**kuj **nu**mär **dsjä**ßjẽtsch **pro**schẽ]

Kann ich hier
Czy mogę tutaj [tschi **mo**gẽ **tu**taj]

Geld tauschen
wymienić pieniądze
[vi**mjä**nitsch pjä**njõ**dsä]

Travellerschecks einlösen
zrealizować czeki podróżne
[ßräali**so**vatsch **tschä**ki pot**ru~~sch~~**nä]

Briefmarken/Postkarten kaufen
kupić *znaczki pocztowe/pocztówki*
[**ku**pitsch **ßnatsch**ki potsch**to**vä/potsch**tuv**ki]

einen Brief einwerfen
wrzucić list [**v~~sch~~u**zitsch lißt]

telefonieren?
telefonować? [täläfo**no**vatsch]

Kann ich von meinem Zimmer nach Deutschland telefonieren?
Czy mogę zadzwonić do Niemiec z pokoju?
[tschi **mo**gẽ sads**vo**nitsch do **njä**mjäz ßpo**ko**ju]

Verbinden Sie mich bitte mit der Nummer ...!
Proszę połączyć mnie z numerem ...!
[**pro**schẽ po**wõ**tschitsch mnjä ßnu**mä**räm]

Gibt es Post für mich?
Czy jest dla mnie poczta?
[tschi jäßt dla mnjä **potsch**ta]

Reklamationen

Das Zimmer ist *schmutzig/ zu laut*.
Pokój jest *brudny/za głośny*.
[**po**kuj jäßt **bru**dni/sa **gwo**schni]

Wir haben kein (warmes) Wasser.
Nie mamy (ciepłej) wody.
[njä **ma**mi (**zjä**pwäj) **vo**di]

... funktioniert nicht.
... nie działa. [njä **dsja**wa]

Das Licht
Światło [**schwja**two]

Die Dusche
Prysznic [**prisch**niz]

Die Toilette
Toaleta [toa**lä**ta]

Die Heizung
Ogrzewanie [og~~sch~~ä**va**njä]

Es fehlen
Nie ma [njä ma]

Handtücher
ręczników [rẽtsch**ni**kuv]

Toilettenpapier
papieru toaletowego [pa**pjä**ru to aläto**vä**go]

Kleiderbügel.
wieszaków. [vjä**scha**kuv]

Wir brauchen (noch)
eine Decke
ein Kopfkissen.

Potrzebujemy (jeszcze) [potschäbu**jä**mi (**jäsch**tschä)]
kołdry [**kow**dri]
poduszki. [po**dusch**ki]

Ich habe meinen Zimmerschlüssel verloren.
Zgubiłem (-łam) klucz do pokoju. [ßgu**bi**wäm (-wam) klutsch do po**ko**ju]

Abreise

Ich reise/Wir reisen morgen/heute *ab.*
Wyjeżdżam/Wyjeżdżamy jutro/dzisiaj. [vi**jä~~sch~~**d~~sch~~am/vijä~~sch~~**d~~sch~~a**mi **ju**tro/**dsi**ßjaj]

Die Rechnung bitte.
Poproszę rachunek. [po**pro**schẽ ra**chu**näk]

Rufen Sie bitte ein Taxi.
Proszę wezwać taksówkę. [**pro**schẽ **väs**vatsch tak**suv**kẽ]

Es hat uns hier sehr gefallen.
Bardzo nam się tu podobało. [**bar**dso nam ßjẽ tu podo**ba**wo]

Vielen Dank!
Bardzo dziękuję! [**bar**dso dsjẽ**ku**jẽ]

Auf Wiedersehen.
Do widzenia. [do vi**dsä**nja]

Ferienhaus und Ferienwohnung

Wir suchen
ein Ferienhaus
eine Ferienwohnung
ein (ruhiges) Appartement
für *2/4* Personen
für *6 Tage/2 Wochen.*

Szukamy [schu**ka**mi]
domu wczasowego [**do**mu vtschaßo**vä**go]
mieszkania wczasowego [mjäsch**ka**nja vtschaßo**vä**go]
(spokojnego) apartamentu [ßpo**koj**nägo) aparta**män**tu]
dla *dwóch/czterech* osób [dla dvuch/**tschtä**räch **o**ßup]
na *sześć dni/dwa tygodnie.* [na schäschtsch dni/dva ti**god**njä]

Wieviele Zimmer hat/Was kostet
die Wohnung/das Haus?

Ile pokoi ma/Ile kosztuje [**i**lä po**ko**i ma/**i**lä kosch**tu**jä]
mieszkanie/dom? [mjäsch**ka**njä/dom]

Müssen wir die Endreinigung übernehmen?
Czy musimy na koniec sprzątnąć? [tschi mu**ßi**mi na **ko**njäz **ßpschõt**nõtsch]

Wo kann man hier
einkaufen
telefonieren
Wäsche waschen?

Gdzie można tutaj [gdsjä **mo~~sch~~**na **tu**taj]
robić zakupy [**ro**bitsch sa**ku**pi]
telefonować [täläfo**no**vatsch]
prać? [pratsch]

Camping

Haben Sie Platz für
ein Zelt
einen Wohnwagen
ein Wohnmobil?

Czy macie państwo miejsce na [tschi **ma**zjä **panj**ßtvo **mjäj**ßzä na]
namiot [**na**mjot]
przyczepę kempingową [pschi**tschä**pẽ kämpin**go**võ]
samochód kempingowy? [ßa**mo**chut kämpin**go**vi]

Was kostet der Platz	**Ile kosztuje miejsce** [ilä ko**schtu**jä **mjäj**ßzä]
pro Person	od osoby [ot o**ßo**bi]
für ein Auto	za samochód [sa ßa**mo**chut]
für ein Wohnmobil	za samochód kempingowy [sa ßa**mo**chut kämpin**go**vi]
für einen Wohnwagen	za przyczepę kempingową [sa pschi**tschä**pẽ kämpin**go**võ]
für ein Zelt?	za namiot? [sa **na**mjot]
Gibt es hier einen Zeltplatz?	Czy jest tutaj pole namiotowe? [tschi jäßt **tu**taj **po**lä namjo**to**vä]
Vermieten Sie auch	**Czy państwo wypożyczacie także** [tschi **panj**ßtvo vipo~~sch~~i**tscha**zjä **tak**~~sch~~ä]
Wohnwagen	przyczepy kempingowe [pschi**tschä**pi kämpin**go**vä]
Zelte	namioty [na**mjo**ti]
Bungalows/Hütten?	bungalowy/domki kempingowe? [bunga**lo**wi/**dom**ki kämpin**go**vä]
Wo sind die *Duschen/ Toiletten?*	Gdzie są *prysznice/toalety?* [gdsjä sõ pri**schni**zä/toa**lä**ti]
Wir brauchen einen	**Potrzebujemy** [potschäbu**jä**mi]
Stromanschluß	przyłączenia do sieci [pschivõ**tschä**nja do **ßjä**zi]
Wasseranschluß	przyłączenia do sieci wodnej [pschivõ**tschä**nja do **ßjä**zi **vod**näj]
Anschluß an die Kanalisation.	przyłączenia do sieci kanalizacyjnej. [pschiwõ**tschä**nja do **ßjä**zi kanalisa**zij**näj]
Wann wird nachts das Tor geschlossen?	O której zamyka się w nocy bramę? [o **ktu**räj sa**mi**ka ßjẽ v**no**zi **bra**mẽ]
Ist der Platz nachts bewacht?	Czy w nocy plac jest strzeżony? [tschi v**no**zi plaz jäßt ßtschä~~sch~~**o**ni]
Gibt es auf dem Campingplatz	**Czy na terenie kempingu znajduje się** [tschi na tä**rä**njä käm**pin**gu snaj**du**jä ßjẽ]
einen Supermarkt	supermarket [**ßu**pär**mar**kät]
ein Restaurant	restauracja [räßta‿u**ra**zja]
Münz-Waschmaschinen	pralka na monety [**pral**ka na mo**nä**ti]
einen Spielplatz?	plac zabaw? [plaz **sa**bav]

Jugendherberge

Gibt es hier eine Jugendherberge?	Czy jest tutaj schronisko młodzieżowe? [tsch jäßt **tu**taj ßchro**niß**ko mwodsjä~~sch~~**o**vä]
Wieviel kostet eine Übernachtung pro Person (mit Frühstück)?	Ile kosztuje nocleg od osoby (ze śniadaniem)? [ilä ko**schtu**jä **noz**läg ot o**ßo**bi (sä schnja**da**njäm)]
Wir haben reserviert.	Zarezerwowaliśmy. [saräsärvo**va**lischmi]
Haben Sie ein Familienzimmer?	Czy macie państwo pokój dla rodziny? [tschi **ma**zjä **panj**ßtvo **po**kuj dla ro**dsi**ni]

ONZ
MaB
UNESCO
SWIATOWY REZERWAT BIOSFERY
1500M

Ich bleibe/Wir bleiben 2 Tage/ Wochen.	*Zostanę/Zostaniemy* dwa *dni/tygodnie.* [soß**ta**nẽ/soßta**njä**mi dva dni/ti**god**njä]
Ich brauche (keine) Bett-wäsche.	Nie potrzebuję (żadnej) pościeli. [njä potschä**bu**jẽ (**~~seh~~ad**näj) posch**zjä**li]
Wann wird die Eingangstür abgeschlossen?	O której zamykane są drzwi wejściowe? [o **ktu**räj sami**ka**nä sõ d~~seh~~vi väj**schzjo**vä]

Unterkunft

Appartement	apartament [apar**ta**mänt]
Aschenbecher	popielniczka [popjäl**nitsch**ka]
Aufzug	winda [**vin**da]
Badewanne	wanna [**van**na]
Balkon	balkon [**bal**kon]
Besteck	sztućce [**schtutsch**zä]
Bett	łóżko [**wu~~seh~~**ko]
Bettdecke	kołdra [**kow**dra]
Bettwäsche	pościel [**posch**zjäl]
Dusche	prysznic [**prisch**niz]
Endreinigung	sprzątanie na koniec pobytu [spschõ**ta**njä na **ko**njäz po**bi**tu]
Ermäßigung	zniżka [**sni~~seh~~**ka]
Familienzimmer	pokój dla rodziny [**po**kuj dla ro**dsi**ni]
Fernseher	telewizor [tälä**vi**sor]
Garage	garaż [**ga**ra~~seh~~]
Gasflasche	butla gazowa [**but**la ga**so**va]
Gaskartusche	naboje gazowe [na**bo**jä ga**so**vä]
Gepäck	bagaż [**ba**ga~~seh~~]
Geschirr	naczynia [na**tschi**nja]
Geschirrtuch	ścierka do wycierania naczyń [**schzjär**ka do vizjä**ra**nja **na**tschinj]
Handtuch	ręcznik [**rẽtsch**nik]
Heizung	ogrzewanie [og~~seh~~ä**va**njä]
Herd	kuchenka do gotowania [ku**chän**ka do goto**va**nja]
(Zelt-)Hering	kołek namiotowy [**ko**wäk namjo**to**vi]
Kaffeemaschine	ekspres do kawy [**ex**präß do **ka**vi]
Kinderbett	łóżko dziecięce [**wu~~seh~~**ko dsjä**zjẽ**zä]
Kissen	poduszka [po**dusch**ka]
Kleiderbügel	wieszak na ubrania [**vjä**schak na u**bra**nja]
Kochtöpfe	garnki [**garn**ki]
Küche	kuchnia [**kuch**nja]
leihen	wypożyczać [vipo**~~seh~~i**tschatz]
Leihgebühr	opłata za wypożyczenie [op**wa**ta sa vipo~~seh~~i**tscha**njä]
Licht	światło [**schvjat**wo]

Wie weit ist es bis	**Jak daleko jest do** [jak da**lä**ko jäßt do]
zum Strand	plaży [**pla**schi]
zur Stadt	miasta [**mja**ßta]
zum Bahnhof?	dworca? [**dvo**rza]
Gibt es einen Bus ins Zentrum?	Czy jakiś autobus jedzie do centrum? [tschi **ja**kisch au**to**buß **jä**dsjä do **zän**trum]
Müll	śmieci [**schmjä**zi]
Mülleimer	wiadro na śmieci [**vjad**ro na **schmjä**zi]
Münzen	monety [mo**nä**ti]
Nebenkosten	koszty dodatkowe [**kosch**ti dodat**ko**vä]
Parkplatz	parking [**par**king]
Pension	pensjonat [pän**ßjo**nat]
Radio	radio [**ra**djo]
Rechnung	rachunek [ra**chu**näk]
reinigen	sprzątać (czyścić) [**ßpschõ**tatsch (**tschisch**zitsch)]
reparieren	reperować [räpä**ro**vatsch]; naprawiać [na**pra**vjatsch]
Safe	sejf [säjf]
Schlafsack	śpiwór [**schpi**vur]
Schlüssel	klucz [klutsch]
Seife	mydło [**mid**wo]
Speisesaal	jadalnia [ja**dal**nja]
Sportplatz	boisko sportowe [boi**ß**ko ßpor**to**vä]
Strom	prąd [prõt]
Stromanschluß	przyłączenie do sieci [pschiwõ**tschä**njä do **schjä**zi]
Telefon	telefon [tä**lä**fon]
Toilette	toaleta [toa**lä**ta]
Toilettenpapier	papier toaletowy [**pa**pjär toalä**to**vi]
Trinkwasser	woda do picia [**vo**da do **pi**zja]
Ventilator	wentylator [vänti**la**tor]
Waschbecken	umywalka [umi**val**ka]
waschen	myć [mitsch]
Waschmaschine	pralka [**pral**ka]
Wasser	woda [**vo**da]
Wasserverbrauch	zużycie wody [su**sch**izjä **vo**di]
Wohnmobil	samochód kempingowy [ßa**mo**chut kämpin**go**vi]
Wohnwagen	przyczepa kempingowa [pschi**tschä**pa kämpin**go**va]
Zimmermädchen	pokojówka [poko**juv**ka]

Kiosk mit Eis und Getränken für erfrischungsbedürftige und durstige Kehlen

Essen und Trinken

Wo gibt es hier	**Gdzie jest tutaj** [gdsjä jäßt **tu**taj]
ein *gutes/preiswertes* Restaurant	jakaś *dobra/niedroga* restauracja [**ja**kasch **do**bra/njä**dro**ga räßta‿u**raz**ja]
ein *nettes/typisches* Lokal	jakiś *miły/typowy* lokal [**ja**kisch **mi**wi/ti**po**vi **lo**kal]
Ich möchte/Wir möchten	**Chciałbym (Chciałabym)/Chcielibyśmy** [**chziaw**bim (chzja**wa**bim)/chzjäli**bisch**mi]
frühstücken	zjeść śniadanie [ßjäschtsch schnja**da**njä]
*mittag-/abend*essen	zjeść *obiad/kolację* [ßjäschtsch **o**biat/ko**laz**jẽ]
eine Kleinigkeit essen	coś przekąsić [zosch pschä**kõ**ßitsch]
nur etwas trinken.	tylko czegoś się napić. [**til**ko **tschä**gosch ßjẽ **na**pitsch]
Ich möchte einen Tisch bestellen	**Chciałbym (Chciałabym) zamówić stolik** [**chzjaw**bim (chzja**wa**bim) sa**mu**vitsch **ßto**lik]
für *heute/morgen* abend	na *dzisiaj/jutro* wieczór [na **dsi**ßjaj/**jut**ro **vjä**tschur]
um *19 Uhr/20 Uhr*	na *dziewiętnastą/dwudziestą* [na dsjävjẽt**naß**tõ/dvu**dsjä**ßtõ]
für *4 Personen/6 Personen*	na *cztery osoby/sześć osób* [na **tschtä**ri o**ßo**bi/schäschtsch **o**ßup]
auf den Namen ...	na nazwisko ... [na naß**viß**ko]
Ich habe einen Tisch bestellt auf den Namen ...	Zamówiłem (-łam) stolik na nazwisko ... [samu**vi**wäm (-wam) **ßto**lik na naß**viß**ko]
Einen Tisch für *zwei/vier* Personen bitte!	Proszę stolik na *dwie/cztery* osoby! [**pro**schẽ **ßto**lik na dvjä/**tschtä**ri o**ßo**bi]

Ist dieser Tisch frei?/ Ist dieser Platz frei?	Czy ten stolik jest wolny?/Czy to miejsce jest wolne? [tschi tän **ßto**lik jäßt **wol**ni/ tschi to **mjäj**ßzä jäßt **wol**nä]

Bestellen

Herr Ober, bitte!/Bedienung, bitte!	Proszę pana (pani)! [**pro**schẽ **pa**na (**pa**ni)]
Die *Speisekarte/Tageskarte/ Getränkekarte/Weinkarte/ Eiskarte* bitte!	Proszę o *jadłospis/jadłospis na dzień dzisiejszy/ kartę z napojami/kartę win/kartę z lodami!* [**pro**schẽ o jad**woß**piß/jad**woß**piß na dsjänj dsi**ßjäj**schi/**kar**tẽ ßnapo**ja**mi/**kar**tẽ vin/**kar**tẽ ßlo**da**mi]
Was empfehlen Sie mir?	Co pan (pani) mi poleca? [zo pan (**pa**ni) mi po**lä**za]
Ich möchte/Ich nehme	**Chciałbym (Chciałabym)/Wezmę** [**chzjaw**bim (chzja**wa**bim)/**väs**mẽ]
eine Suppe	zupę [**su**pẽ]
das Tagesgericht	obiad firmowy [**o**bjat fir**mo**vi]
das Menü Nummer *1/2*	zestaw *pierwszy/drugi* [**säß**tav **pjärv**schi/**dru**gi]
das hier	to tutaj [to **tu**taj]
als *Vor-/Haupt-/ Nachspeise.*	na *zakąskę/drugie danie/deser.* [na sa**kõß**kẽ/**dru**gjä **da**njä/**dä**ßär]
Was sind die für die Region typischen Gerichte?	Jakie potrawy są typowe dla tej okolicy? [**ja**kjä pot**ra**vi sõ ti**po**vä dla täj oko**li**zi]
Ich möchte bitte *Nudeln/Reis* statt Pommes frites.	Zamiast frytek chciałbym (chciałabym) *makaron/ryż.* [**sa**mjaßt **fri**täk **chzjaw**bim (chzja**wa**bim) ma**ka**ron/ri~~sch~~]
Für das Kind/die Kinder bitte	**Dla dziecka/dzieci proszę o** [dla **dsjäz**ka/**dsjä**zi **pro**schẽ o]
kleine Portionen	małe porcje [**ma**wä **porz**jä]
einen Kinderteller	porcję dziecięcą [**porz**jẽ dsjä**zjẽ**zõ]
einen Extrateller	dodatkowy talerz [dodat**ko**vi **ta**läsch]
ein Extrabesteck.	dodatkowe sztućce. [dodat**ko**vä **schtutsch**zä]
Gibt es ein vegetarisches Gericht?	Czy są dania jarskie? [tschi sõ **da**nja **jar**ßkjä]
Ist dieses Gericht (sehr) *scharf/süß/fett?*	Czy ta potrawa jest (bardzo) *ostra/słodka/tłusta?* [tschi ta pot**ra**va jäßt (**bar**dso) **oß**tra/**ßwot**ka/ **twuß**ta]

Polnische Höflichkeit – auch im Restaurant

„Herr Ober!" – „Bedienung!" – in Polen ist dieser Befehlston unüblich. Wenn man die Speisekarte haben oder einen Kellner darauf aufmerksam machen möchte, daß man seine Wahl schon getroffen hat und nun bestellen möchte, spricht man den Kellner oder die Kellnerin mit einem höflichen *Proszę pana* [**pro**schẽ pana] bzw. *Proszę pani* [**pro**szẽ pani] an.

Private Einladung

Sind Sie in Polen privat eingeladen, so weisen Sie die angebotenen Speisen und Getränke auf keinen Fall zurück, wenigstens nicht ohne Angabe eines wirklich plausiblen Grundes dafür. Die Gastgeber würden ein solches Verhalten als persönliche Kränkung empfinden. Denn ein polnisches Sprichwort lautet: *Gość w domu, Bóg w domu* [goschtsch v**do**mu bug v**do**mu], was soviel bedeutet wie: Ist ein Gast im Haus, ist Gott im Haus.

Zu trinken möchte ich/möchten wir, bitte
ein Glas
eine Flasche
ein Viertel
einen halben Liter
einen Liter
Rotwein/Weißwein.

Do picia chciałbym (chciałabym)/chcielibyśmy
[do **pi**zja **chzjaw**bim (chzja**wa**bim)/chzjäli**bisch**mi]
kieliszek [kjä**li**schäk]
butelkę [bu**täl**kẽ]
ćwiartkę [**tschvjart**kẽ]
pół litra [puw **li**tra]
litr [litr]
wina czerwonego/wina białego.
[**vi**na tschärvo**nä**go/**vi**na bja**wä**go]

Haben Sie auch offenen Wein?

Czy macie państwo także wino z beczki?
[tschi **ma**zjä **panj**ßtvo **tak**~~sch~~ä **vi**no ßbä**tsch**ki]

Danke, das ist alles.

Dziękuję, to wszystko. [dsjẽ**ku**jẽ to **vschiß**tko]

Kann ich noch ... haben?
etwas Brot
ein Bier

Czy mogę jeszcze dostać
[tschi **mo**gẽ **jäsch**tschä **doß**tatsch]
trochę chleba [**tro**chẽ **chlä**ba]
piwo? [**pi**vo]

Guten Appetit!
Prost!/Auf Ihr Wohl!

Smacznego! [ßmatsch**nä**go]
Na zdrowie!/Na zdrowie pana (pani)!
[na **ßdro**vjä/na **ßdro**vjä **pa**na (**pa**ni)]

Darf ich rauchen?

Czy mogę zapalić? [tschi **mo**gẽ sa**pa**litsch]

Reklamieren

Das habe ich nicht bestellt!

Nie zamawiałem (-łam) tego!
[njä sama**vja**wäm (-wam) **tä**go]

Bringen Sie uns bitte noch
Servietten
Zahnstocher.

Proszę nam jeszcze przynieść
[**pro**schẽ nam **jäsch**tschä **pschi**njäschtsch]
serwetki [ßär**vä**tki]
wykałaczki. [vika**wa**tschki]

Es fehlt noch
Besteck
ein Messer/eine Gabel
ein (kleiner) Löffel
ein Teller
ein Trinkglas
ein Weinglas
Essig und Öl
Salz und Pfeffer.

Brakuje jeszcze [bra**ku**jä **jäsch**tschä]
sztućców [**schtutsch**zuv]
noża/widelca [**no**~~sch~~a/vi**däl**za]
(małej) łyżki [(**ma**wäj) **wi**~~sch~~ki]
talerza [ta**lä**~~sch~~a]
szklanki [**schklan**ki]
kieliszka do wina [kjä**lisch**ka do **vi**na]
octu i oliwy [**oz**tu i o**li**vi]
soli i pieprzu. [**ßo**li i **pjäp**schu]

Haben Sie mein *Essen/Getränk* vergessen?
Czy pan zapomniał (pani zapomniała) o moim *jedzeniu/napoju*? [tschi pan sa**pom**njaw (**pa**ni sapom**nja**wa) o **mo**im jä**dsä**nju/na**po**ju]

Es tut mir leid, aber
die Suppe ist kalt/das Essen ist kalt
das Fleisch ist zäh/nicht durch.

Bardzo mi przykro, ale [**bar**dso mi **pschi**kro **a**lä]
zupa jest zimna/jedzenie jest zimne [**su**pa jäßt **sim**na/jä**dsä**njä jäßt **sim**nä]
mięso jest żylaste/nie jest dobrze wypieczone. [**mjẽ**ßo jäßt ~~sch~~i**la**ßtä/njä jäßt **do**bschä vipjä**tscho**nä]

Ich glaube, die Rechnung stimmt nicht.
Wydaje mi się, że rachunek się nie zgadza. [vi**da**jä mi ßjẽ ~~sch~~ä ra**chu**näk ßjẽ njä **ßga**dsa]

Was ist das?
Co to jest? [zo to jäßt]

Das habe ich nicht gehabt!
Ja tego nie miałem (-łam)! [ja **tä**go njä **mja**wäm (-wam)]

Bezahlen

Zahlen!/Die Rechnung bitte!
Chciałbym (Chciałabym) płacić!/Proszę o rachunek! [**chzjaw**bim (chzja**wa**bim) **pwa**zitsch/**pro**schẽ o ra**chu**näk]

Ich zahle alles zusammen.
Płacę za wszystko razem. [**pwa**zẽ sa **vschißt**ko **ra**säm]

Wir zahlen getrennt.
Płacimy osobno. [pwa**zi**mi o**ßob**no]

Ich möchte eine Quittung, bitte.
Proszę wypisać rachunek. [**pro**schẽ vi**pi**ßatsch ra**chu**näk]

* Czy smakowało? [tschi ßmako**va**wo]
Hat es geschmeckt?

Danke, es war sehr gut.
Dziękuję, to było bardzo dobre. [dsjẽ**ku**jẽ to **bi**wo **bar**dso **do**brä]

Das ist für Sie.
To dla pana (pani). [to dla **pa**na (**pa**ni)]

Stimmt so!
Zgadza się! [**ßga**dsa ßjẽ]

Ein paar Worte zur Speisekarte

Das polnische Wort *jadłospis* [jad**wo**ßpiß] heißt zwar Speisekarte, wird aber, frankophil wie die Polen sind, oft durch das französische Lehnwort *menu* [**mä**nu] (Menü) ersetzt. In Hotels und Restaurants kann man sehr leckere polnische Spezialitäten probieren. Berühmt ist *barszcz* [**bar**schtsch] (Borschtsch bzw. Rote-Rüben-Suppe), zubereitet als *barszcz z kołdunami* [**bar**schtsch ßkowdunami] (klare Rote-Rüben-Suppe mit Maultaschen), *barszcz ukraiński* [**bar**schtsch ukra**inj**ßki] (Rote-Rüben-Suppe mit Gemüse), *barszcz z pasztecikiem* [**bar**schtsch ßpaschtä**zi**kjäm] (klare Rote-Rüben-Suppe mit kleinen Fleischpasteten) oder aber *żurek* [~~sch~~**u**räk] (saure Mehlsuppe), die meist mit kleingeschnittener Wurst verfeinert ist. Beliebt sind auch *flaki* [**fla**ki] (Kaldaunen/Kutteln) und ganz besonders *bigos* [**bi**goß], eine Art Sauerkrauteintopf mit Pilzen, Fleisch und Wurst, zu dem als Beilage in der Regel Kartoffeln oder Brot serviert wird.

Die Speisekarte

Śniadanie	**Frühstück**
bułka [**buw**ka]	Brötchen
chleb [chläp]	Brot
chleb sitkowy [chläp ßit**ko**vi]	Vollkornbrot
chleb szwedzki [chläp **schväds**ki]	Knäckebrot
czekolada [tschäko**la**da]	Schokolade
grzanka [**gschan**ka]	Toast
herbata (z cytryną) [chär**ba**ta (ßzi**tri**nõ)]	Tee (mit Zitrone)
jajecznica [jajätsch**ni**za]	Rührei
na boczku [na **botsch**ku]	mit Speck
jajko (na miękko) [**jaj**ko (na **mjẽk**ko)]	Ei (weichgekocht)
jajko sadzone [**jaj**ko ßa**dso**nä]	Spiegelei
jogurt [**jo**gurt]	Joghurt
kakao [ka**ka**o]	Kakao
kawa [**ka**va]	Kaffee
bez kofeiny [bäß kofä**i**ni]	koffeinfrei
czarna [**tschar**na]	schwarz
z cukrem [ß**zuk**räm]	mit Zucker
z sacharyną [ß ßacha**ri**nõ]	mit Süßstoff
z mlekiem/bez mleka [ß**mlä**kjäm/bäß **mlä**ka)]	mit Milch/ohne Milch
kiełbasa [kjäw**ba**ßa]	Wurst
marmolada [marmo**la**da]; dżem [dschäm]	Marmelade
masło [**maß**wo]	Butter
miód [mjut]	Honig
mleko (ciepłe/zimne) [**mlä**ko (**zjäp**wä/**sim**nä)]	Milch (warm/kalt)
omlet [**om**lät]	Omelette
ser [ßär]	Käse
sok pomarańczowy [ßok pomaranj**tscho**vi]	Orangensaft
szynka [**schin**ka]	Schinken
twarożek [tva**rosch** äk]	Quark

Małe posiłki	**Kleine Mahlzeiten**
frytki [**frit**ki]	Pommes frites
z keczupem [ßkä**tschu**päm]	mit Ketchup
z majonezem [ßmajo**nä**säm]	mit Mayonnaise
grzanka [**gschan**ka]	Toast
hamburger [cham**bur**gär]	Hamburger
kiełbaski [kjäw**baß**ki]	Würstchen
omlet [**om**lät]	Omelette
sandwich [**ßänd**witsch]	Sandwich
z kiełbasą/z szynką [ßkjäw**ba**ßõ/ß**schin**kõ]	mit Wurst/mit Schinken
z serem [ß**ßä**räm]	mit Käse

Zakąski	**Vorspeisen**
befsztyk tatarski [**bäf**schtik ta**tar**ßki]	Tatar
galaretka [gala**rät**ka]	Sülze
kawior [**ka**vjor]	Kaviar
pasztet z wątróbek gęsich [**pasch**tät ßvõ**tru**bäk **gẽ**ßich]	Gänseleberpastete

ryba w galarecie [**ri**ba vgala**rä**zjä]	Fisch in Aspik
śledź w majonezie [schläds vmajo**nä**sjä]	Hering in Mayonnaise
śledź w oliwie [schläds v o**li**vjä]	Hering in Olivenöl
węgorz wędzony [**vẽ**gosch vẽ**dso**ni]	Räucheraal
Zupy	**Suppen**
barszcz [**bar**schtsch]	Rote-Rüben-Suppe
ukraiński [ukra**inj**ßki]	mit Gemüse
z pasztecikiem [ßpaschtä**zi**kjäm]	mit Fleischpastetchen
z uszkami [ß usch**ka**mi]	mit Fleischklößchen
bulion (z jajkiem) [**bu**ljon (ß**jaj**kjäm)]	Bouillon (mit Ei)
grochówka [gro**chuv**ka]	Erbsensuppe
kapuśniak [ka**pusch**njak]	Sauerkrautsuppe
krupnik [**krup**nik]	Graupensuppe
zupa grzybowa [**su**pa gschi**bo**va]	Pilzsuppe
zupa jarzynowa [**su**pa ja~~sch~~i**no**va]	Gemüsesuppe
zupa ogórkowa [**su**pa ogur**ko**va]	Gurkensuppe
żurek [**~~sch~~u**räk]	saure Mehlsuppe
Ryby	**Fische**
dorsz [dorsch]	Kabeljau
flądra [**flõ**dra]	Scholle
karp [karp]	Karpfen
krewetki [krä**vät**ki]	Garnelen
leszcz [läschtsch]	Brasse
łosoś (wędzony) [**wo**ßosch (vẽ**dso**ni)]	Lachs (geräuchert)
makrela [ma**krä**la]	Makrele
ostrygi [oß**tri**gi]	Austern
pstrąg [pßtrõk]	Forelle
rak (rzeczny) [rak (**~~sch~~ätsch**ni)]	(Fluß-)Krebs
ryba [**ri**ba]	Fisch
pieczona/smażona na oleju/z rusztu/ gotowana [pjä**tscho**na/ßma**~~sch~~o**na na o**lä**ju/ß**rusch**tu/goto**va**na]	gebacken/fritiert/ gegrillt/gekocht
sardela [ßar**dä**la]	Sardellen
sardynki [ßar**din**ki]	Sardinen
szczupak [**schtschu**pak]	Hecht
tuńczyk [**tunj**tschik]	Thunfisch
węgorz [**vẽ**gosch]	Aal
Dania mięsne	**Fleischgerichte**
befsztyk [**bäf**schtik]	Beefsteak
bigos [**bi**goß]	Sauerkrauteintopf
cynaderki wieprzowe [zina**där**ki vjä**pscho**vä]	Schweinenieren
golonka [go**lon**ka]	Eisbein
gołąbki [go**wõb**ki]	Krautrouladen
gulasz [**gu**lasch]	Gulasch
kotlet mielony [**kot**lät mjä**lo**ni]	Frikadelle
kotlet schabowy (panierowany) [**kot**lät ßcha**bo**vi (panjäro**va**ni)]	Schnitzel (paniert)
kotlet wieprzowy [**kot**lät vjä**pscho**vi]	Schweinekotelett
ozorek [oso**räk**]	Zunge

pieczeń barania [**pjä**tschänj ba**ra**nia]	Hammelbraten
pieczeń cielęca [**pjä**tschänj zjä**lẽ**za]	Kalbsbraten
pieczeń wieprzowa [**pjä**tschänj vjä**pscho**va]	Schweinebraten
pieczeń wołowa [**pjä**tschänj vo**wo**va]	Rinderbraten
polędwica [polẽd**vi**za]	Filet
potrawka [po**trav**ka]	Ragout
rostbef [**roßt**bäf]	Roastbeef
stek [ßtäk]	Steak
na wpół surowy/na średnio wypieczony/ dobrze wypieczony [na vpuw ßu**ro**vi/na **schräd**njo vipjä**tscho**ni/ **do**bschä vipjä**tscho**ni]	englisch/medium/ durchgebraten
szaszłyk [**schasch**wik]	Schaschlik
udziec jagnięcy [**u**dsjäz jag**njẽ**zi]	Lammkeule
wątróbka [võ**trup**ka]	Leber
zrazik mięsny [**sra**sik **mjẽß**ni]	Fleischklößchen
zrazy wołowe [**ßra**si vo**wo**vä]	Rindsrouladen
żeberka wieprzowe [~~sch~~ä**bär**ka vjä**pscho**vä]	Schweinerippchen

Dania z drobiu, z dziczyzny	**Geflügel, Wild**
bażant [**ba**~~sch~~ant]	Fasan
comber sarni [**zom**bär **ßar**ni]	Rehrücken
dzik [dsik]	Wildschwein
gęś [gẽsch]	Gans
gołąbek [go**wõ**bäk]	Taube
indyk [**in**dik]	Truthahn
kaczka [**katsch**ka]	Ente
królik [**kru**lik]	Kaninchen
kura [**ku**ra]	Huhn
kurczak [**kur**tschak]	Hähnchen
kuropatwa [kuro**pat**va]	Rebhuhn
perliczka [pär**litsch**ka]	Perlhuhn
zając [**sa**jõz]	Hase

Potrawy z jaj	**Eierspeisen**
jajecznica na boczku [jajätsch**ni**za na **botsch**ku]	Eier mit Speck
omlet [**om**lät]	Omelett
z pieczarkami [ßpjätschar**ka**mi]	mit Champignons
z szynką/z serem [ß**schin**kõ/ß**sä**räm]	mit Schinken/mit Käse
pierogi [pjä**ro**gi]	Piroggen
z kapustą [ßka**puß**tõ]	mit Kraut
z mięsem [ß**mjẽ**ßäm]	mit Fleisch

Dodatki	**Beilagen**
frytki [**frit**ki]	Pommes frites
krokiety [kro**kjä**ti]	Kroketten
makaron [ma**ka**ron]	Nudeln
ryż [ri~~sch~~]	Reis
ziemniaki (smażone) [sjäm**nja**ki (ßma**~~sch~~o**nä)]	(Brat-)Kartoffeln
ziemniaki puree [sjäm**nja**ki **pü**rä]	Kartoffelpüree
ziemniaki z wody [sjäm**nja**ki ß**vo**di]	Salzkartoffeln

Sałaty i jarzyny	**Salate und Gemüse**
botwina [bot**vi**na]	Mangold
brukselka [bruk**ßäl**ka]	Rosenkohl
czosnek [**tschoß**näk]	Knoblauch
fasolka szparagowa [fa**ßo**lka schpara**go**va]	Schnittbohnen
grzyby [**gschi**bi]	Pilze
kalafior [ka**la**fjor]	Blumenkohl
kapusta [ka**puß**ta]	Kohl
– czerwona [tschär**vo**na]	Rotkohl
– kiszona [ki**scho**na]	Sauerkraut
– włoska [**vwoß**ka]	Wirsing
koper włoski [**ko**pär **vwoß**ki]	Fenchel
kukurydza (kaczan kukurydziany) [kuku**ri**dsa (**ka**tschan kukuri**dsja**ni)]	Mais (Maiskolben)
mizeria [mi**sä**rja]	Gurkensalat
ostra papryka [**oß**tra **pa**prika]	Peperoni
pieczarki [pjä**tschar**ki]	Champignons
pomidor [po**mi**dor]	Tomate
sałata [ßa**wa**ta]	Salat
– zielona/mieszana [sjä**lo**na/mjä**scha**na]	grüner/gemischter –
seler [ßä**lär**]	Sellerie
soczewica [ßotschä**vi**za]	Linsen
szparagi [schpa**ra**gi]	Spargel

▶ **(Gemüse siehe auch Einkaufen, S. 62.)**

Ser	**Käse**
ser biały [sär **bja**wi]	weißer Käse
ser edamski [sär ä**dam**ßki]	Edamer
ser ementalski [sär ämän**tal**ßki]	Emmentaler
ser gouda [sär **gow**da]	Gouda
ser tarty [ßär **tar**ti]	geriebener Käse
ser z pleśnią [ßär ß**plä**schnjõ]	Schimmelkäse
serek owczy [**ßä**räk **ov**tschi]	Schafskäse
serek topiony [**ßä**räk to**pjo**ni]	Schmelzkäse
twarożek [tva**ro**schäk]	Frischkäse/Quark
Desery, leguminy	**Desserts, Süßspeisen**
budyń [**bu**dinj]	Pudding
ciasto [**zjaß**to]	Kuchen
galaretka owocowa [gala**rät**ka ovo**zo**va]	Obstgelee
kompot [**kom**pot]	Kompott
krem winny [kräm **vin**ni]	Weincreme
owoce [ov**o**zä]	Obst
sałatka owocowa [ßa**wat**ka ovo**zo**va]	Obstsalat
sorbet [**ßor**bät]	Sorbet
śmietana [schmjä**ta**na]	Sahne

▶ **(Obst siehe auch Einkaufen, S. 62.)**

Lody	**Eis**
bananowe [bana**no**vä]	Banane
cytrynowe [zitri**no**vä]	Zitrone

czekoladowe [tschäkola**do**vä]	Schokolade
kawa mrożona [**ka**va mro**seho**na]	Eiskaffee
lody mieszane [**lo**di mjä**scha**nä]	gemischtes Eis
lody ze śmietanką [**lo**di sä schmjä**tan**kõ]	Eis mit Sahne
malinowe [mali**no**vä]	Himbeer
orzechowe [osehä**cho**vä]	Nuß
owocowe [ovo**zo**vä]	Früchtebecher
truskawkowe [trußkav**ko**vä]	Erdbeer
waniliowe [vani**ljo**vä]	Vanille

Die Getränkekarte

Napoje alkoholowe	**Alkoholische Getränke**
aperitif [apä**ri**tif]	Aperitif
dżyn [dschin]	Gin
koniak [**ko**njak]	Kognak
likier [**li**kjär]	Likör
piwo [**pi**vo]	Bier
– bezalkoholowe [bäßalkocho**lo**vä]	alkoholfreies –
– jasne/ciemne [**ja**ßnä/**zjäm**nä]	helles/dunkles –
z beczki [ß**bätsch**ki]	vom Faß
portwajn [**port**vajn]	Portwein
rum [rum]	Rum
sherry [**schä**ri]	Sherry
szampan [**scham**pan]	Champagner
wermut [**vär**mut]	Wermut
whisky [**wiß**ki]	Whisky
z sodą/z lodem [ß**ßo**dõ/ß**lo**däm]	-Soda/mit Eis
wino [**vi**no]	Wein
białe/czerwone [**bja**wä/tschär**vo**nä]	weiß/rot
przyjemne/słodkie [pschi**jäm**nä/**ßwot**kjä]	lieblich/süß
wytrawne [vi**trav**nä]	trocken
półwytrawne [**puw**vi**trav**nä]	halbtrocken
wino musujące [**vi**no mußu**jõ**zä]	Sekt
wódka [**vut**ka]	Schnaps

Napoje chłodzące	**Erfrischungsgetränke**
coctail mleczny [**kok**tajl **mlätsch**ni]	Milchmixgetränk
lemoniada [lämo**nja**da]	Limonade
lemoniada cytrynowa [lämo**nja**da zitri**no**va]	Zitronenlimonade
oranżada [oran**seha**da]	Orangenlimonade
sok owocowy [ßok ovo**zo**vi]	Fruchtsaft
sok pomarańczowy [ßok pomaranj**tscho**vi]	Orangensaft
świeży [**schvjä**sehi]	frischgepreßt
tonic [**to**nik]	Tonic
woda [**vo**da]	Wasser
woda mineralna [**vo**da minä**ral**na]	Mineralwasser
gazowana [gaso**va**na]	mit Kohlensäure
niegazowana [njägaso**va**na]	ohne Kohlensäure

▶ **(Warme Getränke siehe Frühstück, S. 44.)**

Die Marienburg, die riesige Trutzburg des Deutschen Ordens, ist eines der markantesten Wahrzeichen Polens

Besichtigung

Touristeninformation

Gibt es hier ein Fremdenverkehrsamt eine Informationsstelle?	**Czy jest tutaj** [tschi jäßt **tu**taj] zarząd turystyki [**sa**schõt turi**ßti**ki] informacja turystyczna? [infor**maz**ja turi**ßtitsch**na]
Gibt es hier Stadtrundfahrten?	Czy można zwiedzać miasto autokarem? [tschi **mo~~seh~~**na **ßvjä**dsatsch **mja**ßto auto**ka**räm]
Gibt es hier organisierte Führungen?	Czy są organizowane oprowadzania z przewodnikiem? [tschi sõ organiso**va**nä oprova**dsa**nja ßpschevod**ni**kjäm]
Haben Sie einen Stadtplan eine Karte *der Innenstadt/der Umgebung* einen U-Bahnplan Prospektmaterial ein Hotelverzeichnis ein Restaurantverzeichnis einen Veranstaltungskalender für diese Woche/ für die Festwoche?	**Czy pan (pani) ma** [tschi pan (**pa**ni) ma] plan miasta [plan **mja**ßta] plan *śródmieścia/okolicy* [plan schrut**mjäsch**zja/oko**li**zi] plan metra [plan **mä**tra] prospekty [proß**päk**ti] wykaz hoteli [**vi**kaß cho**tä**li] wykaz restauracji [**vi**kaß räßta‿u**raz**ji] kalendarz imprez [ka**län**dasch **im**präß] na ten tydzień/na tydzień festiwalowy? [na tän **ti**dsjänj/na **ti**dsjänj fästiva**lo**vi]
Können Sie für mich ein Zimmer reservieren?	Czy może pan (pani) zarezerwować dla mnie pokój? [tschi **mo~~seh~~**ä pan (**pa**ni) saräsär**vo**vatsch dla mnjä **po**kuj]
Welche Sehenswürdigkeiten gibt es hier?	Co tu jest godne obejrzenia? [zo tu jäßt **god**nä obäj**~~seh~~ä**nja]

Besichtigung

Abtei	opactwo [o**pazt**vo]
Altar	ołtarz [**ow**ta~~sch~~]
Altstadt	stare miasto [**ßta**rä **mja**ßto]
antik	antyczny [an**titsch**ni]
Architektur	architektura [architäk**tu**ra]
Ausgrabungen	wykopaliska [vikopa**liß**ka]
Aussicht	widok [**vi**dok]
barock	barok [**ba**rok]
Bauwerk	budowla [bu**dov**la]
Berg	góra [**gu**ra]
Bild	obraz [**ob**raß]
Botanischer Garten	ogród botaniczny [**og**rut bota**nitsch**ni]
Brauchtum	folklor [**folk**lor]
Brücke	most [moßt]
Burg	zamek [**sa**mäk]
christlich	chrześcijański [chschäschzi**janj**ßki]
Dach	dach [dach]
Deckenmalerei	malowidło stropowe [malo**vid**wo ßtro**po**vä]
Denkmal	pomnik [**pom**nik]
Festung	twierdza [**tvjär**dsa]
Fremdenführer	przewodnik [pschä**vod**nik]
Friedhof	cmentarz [**zmän**tasch]
Fußgängerzone	strefa dla pieszych [**ßträ**fa dla **pjä**schich]
Garten	ogród [**og**rut]
Gasse	uliczka [u**litsch**ka]
Gebäude	budynek [bu**di**näk]
Gedenkstätte	miejsce pamiątkowe [**mjäj**ßzä pamjõt**ko**vä]
Gemälde	obraz [**ob**raß]
Gemäldegalerie	galeria obrazów [ga**lär**ja ob**ra**suv]
Geschichte	historia [chi**ßto**rja]
Gewölbe	sklepienie [ßklä**pjä**njä]
Glas	szkło [schkwo]
gotisch	gotycki [go**tiz**ki]
Grab	grób [grup]
Grabmal	grobowiec [gro**bo**vjäz]
Hafen	port [port]
Höhle	jaskinia [jaß**ki**nja]
Hof	dziedziniec [dsjä**dsi**njäz]
Inschrift	napis [**na**piß]
Insel	wyspa [**viß**pa]
Jahrhundert	wiek [vjäk]
Kaiser	cesarz [**zäß**a~~sch~~]
Kapelle	kapela [ka**pä**la]
Katakomben	katakumby [kata**kum**bi]

Keramik	ceramika [zära**mi**ka]
Kloster	klasztor [**klasch**tor]
Kopie	kopia [**ko**pja]
Kreuz	krzyż [kschisch]
Künstler	artysta [ar**tiß**ta]
Künstlerin	artystka [ar**tiß**tka]
Kunst	sztuka [**schtu**ka]
Kunstgewerbe	rzemiosło artystyczne [~~sch~~ä**mjoß**wo arti**ßtitsch**nä]
Malerei	malarstwo [ma**lar**ßtvo]
Markt	rynek [**ri**näk]
mittelalterlich	średniowieczny [schrädnjo**vjätsch**ni]
Moschee	meczet [**mä**tschät]
Nationalpark	park narodowy [park naro**do**vi]
Naturschutzgebiet	rezerwat przyrody [rä**sär**vat pschi**ro**di]
Orgel	organy [or**ga**ni]
Original	oryginał [ori**gi**naw]
Park	park [park]
Plastik	plastyka [pla**sti**ka]
Platz	plac [plaz]
prähistorisch	prehistoryczny [prächißto**ritsch**ni]
Rathaus	ratusz [**ra**tusch]
Relief	relief [**rä**ljäf]
Renaissance	renesans [rä**nä**ßanß]
restaurieren	restaurować [räßta‿u**ro**vatsch]
romanisch	romański [ro**manj**ßki]
Ruine	ruina [ru**i**na]
Rundblick	panorama [pano**ra**ma]
Schlucht	wąwóz [**võ**vuß]
See	jezioro [jä**sjo**ro]
Skulptur	rzeźba [**~~sch~~äsch**ba]
Stadtmauer	mur miejski [mur **mjäj**ßki]
Statue	posąg [**po**ßõk]
Stil	styl [ßtil]
Synagoge	synagoga [ßina**go**ga]
Tal	dolina [do**li**na]
Tempel	świątynia [schvjõ**ti**nja]
Theater	teatr [**tä**atr]
Tor	brama [**bra**ma]
Turm	wieża [**vjä~~sch~~**a]
Wald	las [laß]
Wasserfall	wodospad [vo**do**ßpat]
Weinberg	winnica [vi**n**niza]
Weinprobe	degustacja wina [degu**ßtaz**ja **vi**na]
Zeichnung	rysunek [ri**ßu**näk]
Zoo	zoo [**so**o]

Sehenswertes

Ich möchte/Wir möchten … besichtigen.
Chciałbym (Chiałabym)/Chcielibyśmy zwiedzić [**chzjaw**bim (chzja**wa**bim)/chzjäli**bisch**mi **ßvjä**dsitsch]

die Kathedrale/die Kirche — katedrę/kościół [ka**tä**drẽ/**kosch**zjuw]
den Palast — pałac [**pa**waz]
das Schloß — zamek. [**sa**mäk]

Wann ist die Ausstellung geöffnet?/Wann ist das Museum geöffnet?
O której otwarta jest wystawa?/O której otwarte jest muzeum? [o **ktu**räj ot**var**ta jäßt viß**ta**va/ o **ktu**räj ot**var**tä jäßt **mu**säum]

Gibt es eine *(deutsche/ englische)* Führung?
Czy jest tu przewodnik *(z niemieckim/ z angielskim)*? [tschi jäßt tu pschä**vod**nik (ß njä**mjäz**kim/ß an**gjäl**ßkim)]

Wann beginnt/Was kostet die Führung?
O której zaczyna się/Ile kosztuje oprowadzenie? [o **ktu**räj sa**tschi**na ßjẽ/ilä kosch**tu**jä oprova**dsä**njä]

Wie lange dauert sie?
Jak długo trwa? [jak **dwu**go trva]

1 Karte/2 Karten bitte, für *Erwachsene/Kinder.*
Proszę *jeden bilet/dwa bilety* dla *dorosłych/ dzieci.* [**pro**schẽ **jä**dän **bi**lät/dva bi**lä**ti dla do**roß**wich/**dsjä**zi]

Gibt es eine Ermäßigung für *Kinder/Studenten/Senioren?*
Czy jest zniżka dla *dzieci/studentów/ludzi w starszym wieku*? [tschi jäßt **ßnisch**ka dla **dsjä**zi/ ßtu**dän**tuv/**lu**dsi v**ßtar**schim **vjä**ku]

Haben Sie einen *Katalog/ Führer* in *deutscher/englischer* Sprache?
Czy ma pan (pani) *katalog/przewodnik* w języku *niemieckim/angielskim*? [tschi ma pan (**pa**ni) ka**ta**lok/pschä**vod**nik vjẽ**si**ku njä**mjäz**kim/ an**gjäl**ßkim]

Ausflüge

Wieviel kostet der Ausflug nach …?
Ile kosztuje wycieczka do …? [ilä kosch**tu**jä vi**zjätsch**ka do]

Ist das Essen/Sind die Eintrittspreise extra zu bezahlen?
Czy za jedzenie/Czy za wstęp trzeba płacić osobno? [tschi sa jä**dsä**njä/tschi sa vßtẽp **tschä**ba **pwa**zitsch o**ßob**no]

Bitte 2 Plätze für den Ausflug nach …, *heute/morgen/ um 10 Uhr.*
Proszę dwa miejsca na wycieczkę do …, *na dzisiaj/na jutro/o godzinie dziesiątej.* [**pro**schẽ dva **mjäj**ßza na vi**zjätsch**kẽ do … na **dsi**ßjaj/na **ju**tro/o go**dsi**njä dsjä**ßjõ**täj]

Wann ist das Treffen?
O której jest zbiórka? [o **ktu**rej jäßt **ßbjur**ka]

Wo ist der Treffpunkt?
Gdzie jest miejsce zbiórki? [gdsjä jäßt **mjäj**ßzä **ßbiur**ki]

Wann kommen wir zurück?
Kiedy będziemy z powrotem? [**kjä**di bẽ**dsjä**mi ßpo**vro**täm]

Haben wir
Czy mamy [tschi **ma**mi]

freie Zeit zur Verfügung?
wolny czas do dyspozycji? [**vol**ni tschaß do dißpo**siz**ji]

Besichtigen wir auch …?
Czy będziemy zwiedzać także …? [tschi bẽ**dsjä**mi **ßvjä**dsatsch **tak**schä]

Wie eine Zunge ragt die Halbinsel Hela in die Danziger Bucht hinein

Urlaub aktiv

Am Strand, im Schwimmbad

Gibt es hier	**Czy jest tu** [tschi jäßt tu]
ein Freibad/ein Hallenbad	basen/basen kryty? [**ba**ßän/**ba**ßän **kri**ti]
einen Bootsverleih?	wypożyczalnia łódek? [vipo~~sch~~i**tschal**nja **wu**däk]
Wie weit ist es zum Strand?	Jak daleko jest do plaży? [jak da**lä**ko jäßt do **pla~~sch~~**i]
Wann ist *Ebbe/Flut*?	Kiedy jest *odpływ/przypływ*? [**kjä**di jäßt **ot**pwiv/**pschi**pwiv]
Ist die Strömung (für Kinder) gefährlich?	Czy prąd jest niebezpieczny (dla dzieci)? [tschi prõt jäßt njäbäß**pjätsch**ni (dla **dsjä**zi)]
Gibt es *Quallen/Seeigel* im Wasser?	Czy w wodzie są *meduzy/jeżowce*? [tschi v**vo**dsjä sõ mä**du**si/jä**~~sch~~o**vzä]
Ich möchte/Wir möchten … mieten.	**Chciałbym (Chciałabym)/Chcielibyśmy wypożyczyć** [**chzjaw**bim (chzja**wa**bim)/chzjäli**bysch**mi vipo**~~sch~~i**tschitsch]
ein Tretboot/ein Motorboot/ ein Ruderboot/ein Segelboot	rower wodny/motorówkę/ łódź wiosłową/żaglówkę [**ro**vär **vod**ni/moto**ruv**kẽ/ wuds vjoß**wo**võ/~~sch~~ag**luv**kẽ]
einen Liegestuhl	leżak [**lä~~sch~~**ak]
einen Sonnenschirm	parasol przeciwsłoneczny [pa**ra**ßol **pschä**zivßwo**nätsch**ni]
einen Strandkorb	kosz plażowy [kosch pla**~~sch~~o**vi]
ein Surfbrett	deskę surfingową [**däß**kẽ ßurfin**go**wõ]
Wasserski	narty wodne. [**nar**ti **vod**nä]

Warnschilder

Kąpiel wzbroniona!	Baden verboten!
Niebezpiecznie	gefährlich
Ostrzeżenie sztormowe!	Sturmwarnung!
Skakanie do wody wzbronione!	Springen verboten!
Tylko dla pływających!	Nur für Schwimmer!
Zabronione dla niepływających!	Nichtschwimmer halt!

Was kostet das	**Ile kosztuje wynajęcie** [ilä kosch**tu**jä vina**jẽ**zjä]
pro (halbe) Stunde	na (pół) godziny [na (puw) go**dsi**ni]
pro Tag	na dzień [na dsjänj]
für eine Woche?	na tydzień? [na **ti**dsjänj]
Gibt es hier	**Czy macie państwo tutaj** [tschi **ma**zjä **panj**ßtvo **tu**taj]
Segelkurse	kursy nauki żeglowania [**kur**ßi na**u**ki ~~sch~~äglo**va**nja]
Surfkurse?	kursy surfingu? [**kur**ßi ßur**fin**gu]

Sportarten

Gibt es hier	**Czy jest tutaj** [tschi jäßt **tu**taj]
einen (Mini-)Golfplatz	plac do gry w (mini-)golfa [plaz do gri v (**mi**ni)**gol**fa]
einen Tennisplatz	kort tenisowy [kort täni**ßo**vi]
ein Eisstadion?	lodowisko? [lodo**viß**ko]
Gibt es hier Fahrräder zu mieten?	Czy można tutaj wypożyczyć rowery? [tschi **mo**~~sch~~na **tu**taj vipo~~sch~~**i**tschitsch ro**vä**ri]
Wo kann man hier	**Czy można tutaj** [tschi **mo**~~sch~~na **tu**taj]
Kajak fahren	pływać kajakiem [**pwi**vatsch ka**ja**kjäm]
kegeln/reiten	grać w kręgle/jeździć konno [gratsch v**krẽg**lä/**jäsch**dsitsch **kon**no]
Squash/Tischtennis/Tennis spielen?	grać *w squasha/w pin-ponga/w tenisa?* [gratsch vß**kwo**scha/vpin **pon**ga/vtä**ni**ßa]
Wo kann ich hier einen ... belegen?	**Czy mogę zapisać się na** [tschi **mo**gẽ sa**pi**ßatsch ßjẽ na]
Tenniskurs	kurs gry w tenisa [kurß gri vtä**ni**ßa]
Skikurs	kurs narciarski? [kurß nar**zjar**ßki]
Darf man hier *angeln/baden*?	Czy tutaj wolno jest łowić *ryby/kąpać* się? [tschi **tu**taj **vol**no jäßt **wo**vitsch **ri**bi/**kõ**patsch ßjẽ]
Ich möchte/Wir möchten ... mieten.	**Chciałbym (Chciałabym)/Chcielibyśmy wypożyczyć** [**chzjaw**bim (chzja**wa**bim)/chzjäli**bisch**mi vipo~~sch~~**i**tschitsch]
Schlittschuhe	łyżwy [**wi~~sch~~**vi]
einen Tennisschläger	rakietę tenisową. [ra**kjä**tẽ täni**ßo**võ]

Spielen Sie Schach?	Czy pan (pani) gra w szachy? [tschi pan (**pa**ni) gra v**scha**chi]
Kann ich mitspielen?	Czy mogę wziąć udział w grze? [tschi **mo**gẽ vsjõtsch **u**dsjaw vgschä]
Ich möchte/Wir möchten ... sehen.	**Chciałbym (Chciałabym)/Chcielibyśmy obejrzeć** [**chzjaw**bim (chzja**wa**bim)/chzjäli**bisch**mi o**bäj**~~seh~~ätsch]
das Tennisspiel/das Fußballspiel	mecz tenisowy/mecz piłki nożnej [mätsch täni**ß**ovi/mätsch **piw**ki **no**~~seh~~nej]
den Wettkampf	zawody [sa**vo**di]
das *(Rad-/Ski-)*Rennen	wyścig *(kolarski/narciarski)* [**visch**zik (ko**lar**ßki/nar**zjar**ßki)]
die Regatta	regaty. [rä**ga**ti]

Urlaub aktiv

Ausritt	wycieczka konna [vi**zjätsch**ka **kon**na]
Ball	piłka [**piw**ka]
Basketball	koszykówka [koschi**kuv**ka]
Billiard	bilard [**bi**lart]
Bucht	zatoka [sa**to**ka]
Federball	lotka [**lot**ka]
Fitneßcenter	siłownia [ßi**wov**nja]
Fußball	piłka nożna [**piw**ka **no**~~seh~~na]
Gymnastik	gimnastyka [gim**naß**tika]
Jogging	jogging [**ds**~~eh~~**o**ging]
Lawinengefahr	niebezpieczeństwo obsunięcia się lawin [njäbäßpjä**tschänj**ßtvo opßu**njẽ**zja ßjẽ **la**vin]
Leichtathletik	lekkoatletyka [**läk**koat**lä**tika]
Muscheln	muszelki [mu**schäl**ki]
Pferd	koń [konj]
Pony	kucyk [**ku**zik]
Sauna	sauna [**ßau**na]
Schatten	cień [zjänj]
Schlauchboot	ponton [**pon**ton]
Schlitten	sanki [**ßan**ki]
Schnee	śnieg [schnjäk]
schnorcheln	pływać z rurką [**pwi**vatsch ß**rur**kõ]
Schwimmflossen	płetwy [**pwät**vi]
Schwimmflügel	skrzydełka do pływania [ßkschi**däw**ka do pwi**va**nja]
Sonnencreme	krem do opalania [kräm do opa**la**nja]
Spielplatz	plac zabaw [plaz **sa**bav]
Stadion	stadion [**ßta**djon]
Sturm	sztorm [schtorm]
Taucherausrüstung	wyposażenie nurka [vipoßa~~**seh**~~**ä**njä **nur**ka]
Umkleidekabine	kabina do przebierania [ka**bi**na do pschäbjä**ra**nja]
Volleyball	siatkówka [ßjat**kuv**ka]
Welle	fala [**fa**la]

Natur, Umwelt und Erlebnisreisen

Wir möchten	**Chielibyśmy** [chzjäli**bisch**mi]
radwandern	wybrać się na wędrówkę rowerową [**vi**bratsch ßjẽ na vẽ**druv**kẽ rovä**ro**võ]
eine Bergtour machen	iść na wycieczkę w góry [ischtsch na vi**zjätsch**kẽ v**gu**ri]
wandern	wędrować [vẽ**dro**vatsch]
durch das Naturschutzgebiet	po rezerwacie przyrody [po räsär**va**zjä pschi**ro**di]
durch den Nationalpark.	po parku narodowym. [po **par**ku naro**do**vim]
Haben Sie eine	**Czy pan (pani) ma** [tschi pan (**pa**ni) ma]
Wanderkarte	mapę turystyczną [**ma**pẽ turi**ßtitsch**nõ]
Radwanderkarte?	rowerową mapę turystyczną? [rovä**ro**võ **ma**pẽ turi**ßtitsch**nõ]
Ist die Tour	**Czy droga jest** [tschi **dro**ga jäßt]
leicht/schwer	łatwa/trudna [**wat**va/**trud**na]
gut markiert?	dobrze oznakowana? [**do**bsche osnako**va**na]
Ist die Tour für Kinder geeignet?	Czy droga ta nadaje się dla dzieci? [tschi **dro**ga ta na**da**jä ßjẽ dla **dsjä**zi]
Wie lange dauert die Tour?	Jak długa jest ta droga? [jak **dwu**ga jäßt ta **dro**ga]
Ist dies der richtige Weg nach ...?	Czy to jest właściwa droga do ...? [tschi to jäßt vwasch**zi**va **dro**ga do]
Wie weit ist es noch bis ...?	Jak daleko jest jeszcze do ...? [jak da**lä**ko jäßt **jäsch**tschä do]

Reisen kreativ

Ich möchte ... belegen.	**Chciałbym (Chciałabym) zapisać się na** [**chzjaw**bim (chzja**wa**bim) sa**pi**ßatsch ßjẽ na]
einen Sprachkurs	kurs językowy [kurß jẽsi**ko**vi]
einen *Koch-/Mal*kurs	kurs *gotowania/malarski* [kurß goto**va**nja/ma**lar**ßki]
einen *Theater-/Tanz-*Workshop	kurs *teatralny/tańca.* [kurs täa**tral**ny/**tanj**za]
Sind noch Plätze frei?	Czy są jeszcze wolne miejsca? [tschi sõ **jäsch**tschä **vol**nä **mjäj**ßza]
Wo findet *der Kurs/das Seminar* statt?	Gdzie odbędzie się *kurs/seminarium?* [gdsjä ot**bẽ**dsjä ßjẽ kurß/ßämi**na**rium]
Wann beginnt/Wieviel kostet der Kurs?	*Kiedy rozpoczyna się/Ile kosztuje* ten kurs? [**kjä**di roßpo**tschi**na ßjẽ/ilä kosch**tu**jä tän kurß]
Gibt es eine Kinderbetreuung?	Czy istnieje możliwość opieki nad dziećmi? [tschi ißt**njä**jä mo~~sch~~**li**voschtsch o**pjä**ki nat **dsjätsch**mi]
Ich habe Vorkenntnisse.	Posiadam wiadomości elementarne. [po**ßja**dam vjado**mosch**zi älämän**tar**nä]
Ich habe keine Vorkenntnisse.	Nie posiadam żadnych wiadomości. [njä po**ßja**dam ~~sch~~**ad**nich vjado**mosch**zi]

Zwei Mädchen zeigen sich in der farbenfrohen Krakauer Tracht mit dem hübschen Kopfputz

Unterhaltung

Kino, Theater, Oper und Konzert

Welche Filme laufen *heute/ morgen* im Kino?	Jakie filmy wyświetlane są w kinie *dzisiaj/ jutro?* [**ja**kjä **fil**mi vischvjät**la**nä sõ v**ki**njä **dsi**ßjaj/**ju**tro]
Ist der Film	**Czy ten film jest** [tschi tän film jäßt]
synchronisiert	zsynchronizowany [ß‿ßinchroniso**va**ni]
in Originalversion mit Untertiteln?	w wersji oryginalnej z napisami? [v**vär**ßji origi**nal**näj ßnapi**ßa**mi]
Wann beginnt	**O której zaczyna się** [o **ktu**räj sa**tschi**na ßjẽ]
die Vorstellung	przedstawienie [pschätßta**vjä**njä]
das Konzert	koncert [**kon**zärt]
die Matinee	poranek artystyczny [po**ra**näk arti**ßtitsch**ni]
die Ballettaufführung	balet [**ba**lät]
das Kabarett	kabaret [ka**ba**rät]
die Oper	opera [o**pä**ra]
die Operette	operetka [opä**rät**ka]
das Musical	musical [**mju**sikal]
die Theatervorstellung	przedstawienie teatralne [pschätßta**vjä**njä täa**tral**nä]
der Kartenvorverkauf	przedsprzedaż biletów [pschät**ßpschä**dasch bi**lä**tuv]
für das (Musik-)Festival?	na festiwal (muzyki)? [na fäß**ti**val (mu**si**ki)]

Im Theater

Galeria	Galerie
Loża	Loge
Miejsce	Platz
Na lewo	links
Na prawo	rechts
Parter	Parkett
Pierwszy/Drugi balkon	1./2. Rang
Rząd	Reihe
Strona	Seite
Środek	Mitte
Toaleta	Toilette
Wejście	Eingang
Wyjście zapasowe	Notausgang

Was wird . . . gespielt?	**Co grają** [zo **gra**jõ]
heute/morgen abend	*dzisiaj/jutro* wieczorem [**dsi**ßjaj/**ju**tro vjä**tscho**räm]
dieses Wochenende	w sobotę i niedzielę [vßo**bo**tẽ i njä**dsjä**lẽ]
im Theater	w teatrze [vtä**a**tschä]
in der Oper	w operze [vo**pä**~~sch~~ä]
im Konzert	na koncercie? [na kon**zär**zjä]
Wo bekommt man/Wieviel kosten die Karten?	*Gdzie można kupić/Ile kosztują* bilety? [gdsjä **mo~~sch~~**na **ku**pitsch/**i**lä kosch**tu**jõ bi**lä**ti]
Gibt es noch Karten?	Czy są jeszcze bilety? [tschi sõ **jäsch**tschä bi**lä**ti]
Gibt es verbilligte Karten?	Czy są bilety o obniżonej cenie? [tschi sõ bi**lä**ti o obni**~~sch~~o**näj **zä**njä]
* Wysprzedano. [vißpschä**da**no]	Ausverkauft.
Bitte 2 Karten/Plätze	**Proszę dwa bilety/miejsca** [**pro**schẽ dva bi**lä**ti/**mjäj**ßza]
für die Vorstellung	na przedstawienie [na pschätßta**vjä**njä]
für das Konzert	na koncert [na **kon**zärt]
heute/morgen abend	na *dzisiaj/jutro* wieczór [na **dsi**ßjaj/**ju**tro **vjä**tschur]
um 20 Uhr.	na godzinę dwudziestą. [na go**dsi**nẽ dvu**dsjä**ßtõ]
Wie lange dauert die Vorstellung?	Jak długo trwa przedstawienie? [jak **dwu**go trva pschätßta**vjä**njä]
Ich möchte bitte ein Programm.	Proszę program. [**pro**schẽ **prog**ram]
Gibt es eine Garderobe?	Gdzie znajduje się szatnia? [gdsjä ßnaj**du**jä ßjẽ **schat**nja]

Diskothek, Bar und Nachtklub

Gibt es hier	**Czy jest tutaj** [tschi jäßt **tu**taj]
eine Diskothek	dyskoteka [dißko**tä**ka]
ein Tanzlokal	dansing [**dan**ßing]
eine (nette) Kneipe	jakiś (przytulny) lokal [**ja**kisch (pschi**tul**ni) **lo**kal]
eine Bar	bar [bar]
ein Spielkasino	kasyno [ka**ßi**no]
mit Musik?	z muzyką? [ßmu**si**kõ]

Unterhaltung

Aufführung	przedstawienie [pschätßta**vjä**njä]
ausgehen	wyjść [vijschtsch]
Band	zespół muzyczny [**säß**puw mu**sitsch**ni]
Bühne	scena [**ßzä**na]
Chor	chór [**ch**ur]
Dirigent	dyrygent [di**ri**gänt]
Eintrittskarte	bilet wstępu [**bi**lät **vßtẽ**pu]
Folkloreabend	wieczór folklorystyczny [**vjä**tschur folklori**ßtitsch**ni]
Freilichtbühne	scena na wolnym powietrzu [**ßzä**na na **vol**nim po**vjä**tschu]
Jazzkonzert	konzert jazzowy [**kon**zärt dschä**so**vi]
Kabarett	kabaret [ka**ba**rät]
Kammermusik	muzyka kameralna [**mu**sika kamä**ral**na]
Kasse	kasa [**ka**ßa]
Komödie	komedia [ko**mä**dja]
Opernglas	lornetka teatralna [lor**nät**ka täa**tral**na]
Orchester	orkiestra [or**kjä**ßtra]
Pause	przerwa [**pschär**va]
Popmusik	muzyka popularna [**mu**sika popu**lar**na]
Premiere	premiera [prä**mjä**ra]
Regisseur(in)	reżyser [rä**schi**ßär]
Sänger	śpiewak [**schpjä**vak]
Sängerin	śpiewaczka [schpjä**vatsch**ka]
Schauspieler	aktor [**ak**tor]
Schauspielerin	aktorka [ak**tor**ka]
spielen	grać [gratsch]
Tänzer	tancerz [**tan**zäsch]
Tänzerin	tancerka [tan**zär**ka]
Türsteher	bramkarz [**bram**kasch]
Zirkus	cyrk [zirk]

Ist hier noch frei?	Czy jest tu jeszcze wolne? [tschi jäßt tu **jäsch**tschä **vol**nä]
Die Getränkekarte, bitte.	Proszę o kartę z napojami. [**pro**schẽ o **kar**tẽ ßnapo**ja**mi]
Möchten Sie	**Czy chce pan (pani)** [tschi chzä pan (**pa**ni)]
tanzen	zatańczyć [sa**tanj**tschitsch]
etwas trinken	czegoś się napić [**tschä**gosch ßjẽ **na**pitsch]
frische Luft schnappen?	łyknąć świeżego powietrza? [**wik**nõtsch schvjä**~~sch~~ä**go po**vjä**tscha]
Ich lade Sie ein.	Zapraszam pana (panią/państwa). [sa**pra**scham **pa**na (**pa**niõ/**panj**ßtva)]
Darf ich Sie ... begleiten?	**Czy mogę towarzyszyć panu (pani/państwu)** [tschi **mo**gẽ tova**~~sch~~i**schitsch **pa**nu (**pa**ni/**panj**ßtvu)]
ein Stück	kawałek [ka**va**wäk]
nach Hause	do domu [do **do**mu]
ins Hotel	do hotelu? [do cho**tä**lu]
Möchten Sie noch mit zu mir kommen?	Czy chciałby pan (chciałaby pani) jeszcze do mnie zajść? [tschi **chzjaw**bi pan (chzja**wa**bi **pa**ni) **jäsch**tschä do mnjä sajschtsch]
Vielen Dank für diesen schönen Abend.	Bardzo dziękuję za ten piękny wieczór. [**bar**dso dsjẽ**ku**jẽ sa tän **pjẽk**ni **vjä**tschur]
Auf Wiedersehen./ Bis morgen.	Do widzenia./Do jutra. [do vi**dsä**nja/do **ju**tra]

Feste und Veranstaltungen

Wann beginnt	**O której zaczyna się** [o **ktu**räj sa**tschi**na ßjẽ]
das (Volks-)Fest	festyn (ludowy) [**fäß**tin (lu**do**vi)]
das Festprogramm	uroczystość [uro**tschiß**toschtsch]
die Matinee	poranek artystyczny [po**ra**näk arti**ßtitsch**ni]
der Umzug/die Prozession	pochód/procesja [**po**chut/pro**zäß**ja]
die Show/die Darbietung	show/przedstawienie [schow/pschätßta**vjä**njä]
die Zirkusvorstellung?	przedstawienie w cyrku? [pschätßta**vjä**njä v**zir**ku]
Wo findet die Veranstaltung statt?	Gdzie jest ta impreza? [gdsjä jäßt ta im**prä**sa]
Wie lange wird sie dauern?	Jak długo ma ona trwać? [jak **dwu**go ma **o**na trvatsch]
Muß man Eintritt bezahlen?	Czy trzeba zapłacić za wstęp? [tschi **tschä**ba sa**pwa**zitsch sa vßtẽp]
Wo bekomme ich/Was kosten die Karten?	*Gdzie mogę kupić/Ile kosztują* bilety? [gdsjä **mo**gẽ **ku**pitsch/ilä kosch**tu**jä bi**lä**ti]

Zwar keine antike Kostbarkeit, aber doch ein ansehnliches Souvenir ist diese hübsch bemalte Keramikvase

Einkaufen

Allgemeines

Wo gibt es/bekomme ich — **Gdzie można dostać/kupić** [gdsjä **mo~~seh~~**na **doß**tatsch/**ku**pitsch]
- Filme — filmy [**fil**mi]
- Zeitungen? — gazety? [ga**sä**ti]

Gibt es hier in der Nähe — **Czy w pobliżu jest** [tschi vpo**bli~~seh~~**u jäßt]
- eine Bäckerei — piekarnia [pjä**kar**nja]
- ein Lebensmittelgeschäft — sklep spożywczy [ßkläp ßpo**~~seh~~iv**tschi]
- eine Metzgerei — sklep mięsny [ßkläp **mjẽß**ni]
- einen Supermarkt? — supermarket? [**ß**upär**mar**kät]

* Co pan (pani) sobie życzy? [zo pan (**pa**ni) **ß**objä **~~seh~~**itschi] — Was wünschen Sie?

Ich möchte mich nur umsehen. — Chcę się tylko rozejrzeć. [chzẽ ßjẽ **til**ko ro**säj~~seh~~**ätsch]

Ich möchte bitte — **Chcę** [chzẽ]
- Briefmarken — znaczki [**snatsch**ki]
- Sonnencreme. — krem do opalania. [kräm do opa**la**nja]

Wieviel kostet das? — Ile to kosztuje? [ilä to kosch**tu**jä]
Das ist (zu) teuer. — To jest (za) drogie. [to jäßt (sa) **dro**gjä]
Das gefällt mir (nicht). — To mi się (nie) podoba. [to mi ßjẽ (njä) po**do**ba]
Ich nehme es. — Ja to wezmę. [ja to **väs**mẽ]
Haben Sie etwas *anderes/Preiswerteres/Größeres/Kleineres*? — Czy ma pan (pani) coś *innego/tańszego/większego/mniejszego*? [tschi ma pan (**pa**ni) cosch in**nä**go/tanj**schä**go/vjẽk**schä**go/mnjäj**schä**go]

Lebensmittel

Babynahrung	pokarm dla niemowląt [**po**karm dla njä**mov**lõt]
Eier	jajka [**jaj**ka]
Essig	ocet [**o**zät]
Farbstoffe (ohne Farbstoffe)	barwniki (bez barwników) [bar**vni**ki (bäß bar**vni**kuv)]
Fisch	ryba [**ri**ba]
Fleisch	mięso [**mjẽ**ßo]
Gemüse	warzywa [va**~~sch~~i**va]
Gewürze	przyprawy [pschi**pra**vi]
Haferflocken	płatki owsiane [**pwat**ki ov**ßja**nä]
Kekse	herbatniki [**ch**ärbat**ni**ki]
Ketchup	keczup [**kä**tschup]
Konserven	konserwy [kon**ßär**vi]
Konservierungsstoffe (ohne Konservierungs-stoffe)	środki konserwujące (bez środków konserwujących) [**schrot**ki konßärvu**jõ**zä (bäß **schrot**kuv konßärvu**jõ**zich)]
Kuchen	ciasto [**zja**ßto]
Margarine	margaryna [marga**ri**na]
Mayonnaise	majonez [ma**jo**näß]
Mehl	mąka [**mõ**ka]
Milch (Voll-/fettarme)	mleko (pełne/chude) [**mlä**ko (**päw**nä/**chu**dä)]
Nüsse	orzechy [o**~~sch~~ä**chi]
Obst	owoce [o**vo**zä]
Öl	olej [**o**läj]
Pfeffer	pieprz [pjäpsch]
Saft	sok [ßok]
Sahne	śmietana [schmjä**ta**na]
Salz	sól [ßul]
Schokolade	czekolada [tschäko**la**da]
Schokoladeriegel	tabliczka czekolady [tab**litsch**ka tschäko**la**di]
Senf	musztarda [musch**tar**da]
Toast	grzanka [**g~~sch~~an**ka]
Zucker	cukier [**zu**kjär]
Zwieback	sucharek [ßu**cha**räk]

▶ **(siehe auch Speisekarte, S. 44.)**

Obst und Gemüse

Ananas	ananas [a**na**naß]
Apfel	jabłko [**jabw**ko]
Aprikose	morela [mo**rä**la]
Artischocke	karczoch [**kar**tschoch]

Aubergine	bakłażan [ba**kwa**~~sch~~an]
Banane	banan [**ba**nan]
Basilikum	bazylia [ba**si**lja]
Birne	gruszka [**grusch**ka]
Blumenkohl	Kalafior [ka**la**fior]
Bohnen (grüne/weiße)	fasola (zielona/biała) [fa**ß**o**la** (sjä**lo**na/**bja**wa)]
Datteln	daktyle [dak**ti**lä]
Erbsen	groch [groch]
Erdbeeren	truskawki [truß**kav**ki]
Erdnüsse	orzeszki ziemne [o**~~sch~~äsch**ki **sjäm**nä]
Feigen	figi [**fi**gi]
Gurke	ogórek [o**gu**räk]
Himbeeren	maliny [ma**li**ni]
Karotten	marchew [**mar**chäv]
Kartoffeln	ziemniaki [sjäm**nja**ki]
Kirschen	wiśnie [**visch**njä]
Kiwi	kiwi [**ki**vi]
Knoblauch	czosnek [**tscho**ßnäk]
Kohl	kapusta [ka**puß**ta]
Lauch	por [por)
Mais	kukurydza [kuku**ri**dsa]
Mandarine	mandarynka [manda**rin**ka]
Mango	mango [**man**go]
Mangold	botwina [bot**vi**na]
Melone	melon [**mä**lon]
Nektarine	nektaryna [näkta**ri**na]
Oliven	oliwki [o**liv**ki]
Orange	pomarańcza [poma**ranj**tscha]
Paprika	papryka [pa**pri**ka]
Peperoni	ostra papryka [**o**ßtra pa**pri**ka]
Petersilie	pietruszka [pjä**trusch**ka]
Pfirsich	brzoskwinia [b~~sch~~oß**kvi**nja]
Pflaume	śliwka [**schliv**ka]
Rosenkohl	brukselka [bruk**ßäl**ka]
Spinat	szpinak [**schpi**nak]
Tomate	pomidor [po**mi**dor]
Wassermelone	arbuz [**ar**buß]
Weintrauben (grüne/blaue)	winogrona (zielone/czerwone) [vino**gro**na (sjä**lo**nä/tschär**vo**nä)]
Zitrone	cytryna [zi**tri**na]
Zucchini	cukini [zu**ki**ni]
Zwiebel	cebula [zä**bu**la]

Einkaufen rund um die Uhr

Die Ladenöffnungszeiten in Polen sind eine Sache für sich. Da es kein Ladenschlußgesetz gibt, entscheidet jeder Ladenbesitzer individuell, wann er öffnet und wann er schließt. Generell läßt sich sagen: Je größer der Ort und je gewinnorientierter der Ladeninhaber, desto länger die Öffnungszeiten. Supermärkte *(Supermarket* oder *Supersam)* haben oft rund um die Uhr offen. Lebensmittelläden *(Sklepy spożywcze)* öffnen meist schon um 6 Uhr morgens und schließen um 19 Uhr. Andere Geschäfte öffnen um 10 oder 11 Uhr. Aber wie gesagt, kurzfristige Änderungen sind keine Seltenheit. Eine Mittagspause gibt es in der Regel nicht. Sogar sonntags haben viele Geschäfte offen. In Polen ist der Kunde – gewinnbringender – König.

Kann ich mit *EC-Karte/Traveller-scheck/Kreditkarte* bezahlen	**Czy mogę** [tschi **mo**gẽ] zapłacić *kartą bankomatową/czekiem podróżnym/kartą kredytową* [sa**pwa**zitsch **kar**tõ bankoma**to**wõ/**tschä**kjäm podru**~~sch~~**nim/**kar**tõ krädi**to**wõ]
das umtauschen?	to wymienić? [to vi**mjä**nitsch]
Wo ist *der nächste Geldautomat/die nächste Bank?*	Gdzie jest *najbliższy bankomat/najbliższy bank?* [gdsjä jäßt naj**bli~~sch~~**schi ban**ko**mat/ naj**bli~~sch~~**schi bank]
* Coś jeszcze? [zosch **jäsch**tschä]	Noch etwas?
Danke, das ist alles.	Dziękuję, to wszystko. [dsjẽ**ku**jẽ to **vschiß**tko]
Können Sie mir das einpacken?	Czy może mi pan (pani) to zapakować? [tschi **mo~~sch~~**ä mi pan (**pa**ni) to sapa**ko**vatsch]
Kann ich eine Tragetüte haben?	Czy dostanę reklamówkę? [tschi do**ßta**nẽ räkla**muv**kẽ]

Lebensmittel

Ich möchte/Geben Sie mir bitte	**Chcę/Proszę mi dać** [chzẽ/**pro**schẽ mi datsch]
ein Stück ...	kawałek ... [ka**va**wäk]
10 Dekagramm ...	dziesięć deko ... [**dsjä**ßjätsch **dä**ko]
ein (halbes) Kilo ...	(pół) kilo ... [(puw) **ki**lo]
einen Liter ...	litr ... [litr]
eine Dose/eine Flasche ...	puszkę/butelkę ... [**pusch**kẽ/bu**täl**kẽ]
Kann ich davon probieren?	Czy mogę spróbować? [tschi **mo**gẽ ßpru**bo**vatsch]
* Czy może być trochę więcej? [tschi **mo~~sch~~**ä bitsch **tro**chẽ **vjẽ**zäj]	Darf es etwas mehr sein?
Etwas mehr/Etwas weniger bitte.	Proszę *trochę więcej/trochę mniej.* [**pro**schẽ **tro**chẽ **vjẽ**zäj/**tro**chẽ mnjäj]
Lassen Sie es so!	Proszę tak zostawić! [**pro**schẽ tak so**ßta**vitsch]

Bücher, Schreibwaren, Zeitungen

Haben Sie	**Czy pan (pani) ma** [tschi pan (**pa**ni) ma]
deutsche Zeitungen/ deutsche Illustrierte	gazety niemieckie/niemieckie czasopisma ilustrowane [ga**sä**ti njä**mjäz**kjä/njä**mjäz**kjä tscha**ßo**pi**ß**ma ilu**ß**tro**va**nä]
Ansichtskarten	widokówki [vido**kuv**ki]
Briefmarken	znaczki [**snatsch**ki]
Briefpapier	papier listowy [**pa**pjär liß**to**vi]
Umschläge	koperty [ko**pär**ti]
Kugelschreiber/Stifte	długopisy/ołówki [dwugo**pi**ßi/o**wuv**ki]
Klebstoff/Klebeband?	klej/taśmę klejącą? [kläj/**tasch**mẽ klä**jõ**zõ]

Ich hätte gerne	**Chciałbym (Chciałabym)** [**chzjaw**bim (chzja**wa**bim)]
eine Landkarte von ...	mapę ... [**ma**pẽ]
einen Stadtplan	plan miasta [plan **mjaß**ta]
einen Reiseführer	przewodnik [pschä**vod**nik]
ein Wörterbuch Polnisch-Deutsch.	słownik polsko-niemiecki. [**ßwov**nik **pol**ßko njä**mjäz**ki]

Kleidung und Schuhe

Ich suche	**Szukam** [**schu**kam]
eine Bluse/ein Hemd	bluzki/koszuli [**bluß**ki/ko**schu**li]
ein T-Shirt	podkoszulki [potko**schul**ki]
eine Hose/einen Rock/ ein Kleid	spodni/spódnicy/sukienki [**ßpod**ni/ßpud**ni**zi/ßu**kjän**ki]
einen Pullover/eine Jacke	swetra/żakietu [**ßvät**ra/~~sch~~a**kjä**tu]
Unterwäsche/Socken	bielizny osobistej/skarpetek [bjä**lis**ni oßo**biß**täj/ßkar**pä**täk]
eine Regenjacke	kurtki od deszczu [**kurt**ki ot **däsch**tschu]
Schuhe/Turnschuhe	butów/tenisówek [**bu**tuv/teni**ßu**väk]
für Damen/für Herren/ für Kinder.	damskich/męskich/dziecięcych. [**dam**ßkich/**mẽ**ßkich/dsjä**zjẽ**zich]

Kleidung und Schuhe

Anorak	skafander [ßka**fan**där]
Badeanzug	kostium kąpielowy [**ko**ßtjum kõpjä**lo**vi]
Badehose	kąpielówki [kõpjä**luv**ki]
BH	biustonosz [bju**ßto**nosch]
Bikini	bikini [bi**ki**ni]
Gürtel	pasek [**pa**ßäk]
Halstuch	apaszka [a**pasch**ka]
Handschuhe	rękawiczki [rẽka**vitsch**ki]
Hut	kapelusz [ka**pä**lusch]
Jogginganzug	dres [dräß]
Krawatte	krawat [**kra**vat]
Leggins	leginsy [lä**gin**ßi]
Mütze	czapka [**tschap**ka]
Sandalen	sandały [ßan**da**wi]
Slip *(Damen/Herren)*	figi/slipy [**fi**gi/**ßli**pi]
Sonnenhut	kapelusz przeciwsłoneczny [ka**pä**lusch **pschä**zivßwo**nätsch**ni]
Stiefel	kozaczki [ko**satsch**ki]
Strumpfhose	rajstopy [raj**ßto**pi]
Weste	kamizelka [kami**säl**ka]

Ich habe *Größe 40/ Schuhgröße 39.*
Noszę *czterdziestkę/numer trzydziesty dziewiąty.* [**no**schẽ tschtär**dsjä**ßtkẽ/**nu**mär tschi**dsjä**ßti dsjä**viõ**ti]

Kann ich das probieren?
Czy mogę to przymierzyć? [tschi **mo**gẽ to pschi**mjä**~~sch~~itsch]

Wo ist ein Spiegel?
Gdzie jest lustro? [gdsjä jäßt **lu**ßtro]

Das paßt (nicht) gut.
(Nie) Pasuje. [(njä) pa**ßu**jä]

Das/Die Farbe gefällt mir (nicht).
To/Ten kolor mi się (nie) podoba. [to/tän **ko**lor mi ßjẽ (njä) po**do**ba]

Ich nehme es.
Wezmę to. [**väs**mẽ to]

Gibt es noch *andere Modelle/ andere Farben?*
Czy są jeszcze *inne fasony/w innych kolorach?* [tschi sõ **jäsch**tschä **in**nä fa**ßo**ni/v **in**nich ko**lo**rach]

Es ist — **To jest** [to jäßt]
- zu klein/zu groß — za małe/za duże [sa **ma**wä/sa **du**~~sch~~ä]
- zu lang/zu kurz — za długie/za krótkie [sa **dwu**gjä/sa **krut**kjä]
- zu eng/zu weit. — za wąskie/za szerokie. [sa **võß**kjä/sa schä**ro**kjä]

Ist das — **Czy to jest** [tschi to jäßt]
- echtes Leder — prawdziwa skóra [prav**dsi**va **ßku**ra]
- Baumwolle/Wolle/Seide/ Leinen? — bawełna/wełna/jedwab/len? [ba**väw**na/**väw**na/**jäd**vap/län]

Wäscherei und Reinigung

Ich möchte das *reinigen/waschen* lassen.	Chciałbym (Chciałabym) dać to *do czyszczenia/do prania.* [**chzjaw**bim (chzja**wa**bim) datsch to do tschisch**tschä**nja/do **pra**nja]
Wieviel kostet das?	Ile to kosztuje? [**i**lä to kosch**tu**jä]
Wann kann ich es abholen?	Kiedy mogę to odebrać? [**kjä**di **mo**gẽ to o**dä**bratsch]

Schmuck und Uhren

Meine Kette/Meine Uhr/Mein Wecker ist kaputt.	*Mój łańcuszek/Mój zegarek/Mój budzik* zepsułsię. [muj wanj**zu**schäk/muj sä**ga**räk/muj **bu**dsik **säp**ßuw ßjẽ]
Können Sie das reparieren?	Czy może pan (pani) to naprawić? [tschi **mo~~sch~~**ä pan (**pa**ni) to na**pra**vitsch]
Ich hätte gerne	**Chciałbym (Chciałabym)** [**chzjaw**bim (chzja**wa**bim)]
eine neue Batterie	nową baterię [**no**võ ba**tär**jẽ]
ein Armband	bransoletkę [branßo**lät**kẽ]
eine Brosche	broszkę [**brosch**kẽ]
einen Ring	pierścionek [pjär**schzjo**näk]
Ohrringe.	kolczyki. [kol**tschi**ki]
Ist das	**Czy to jest** [tschi to jäßt]
echt	prawdziwe [prav**dsi**vä]
aus Silber/aus Gold	srebro/złoto [**ßrä**bro/**swo**to]
versilbert/vergoldet?	posrebrzane/pozłacane? [poßräb**~~sch~~a**nä/poswa**za**nä]

Souvenirs, Kunsthandwerk

Ich suche	**Szukam** [**schu**kam]
ein Reiseandenken	upominków z podróży [upo**min**kuv ßpo**dru~~sch~~**i]
Folklorekleidung	strojów ludowych [**ßtro**juv lu**do**vich]
Keramik	ceramiki [zära**mi**ki]
Kunstgegenstände	dzieł sztuki [dsjäw **schtu**ki]
modern/antik/volkstümlich	nowoczesnej/antycznej/ludowej [novo**tschäß**näj/an**titsch**näj/lu**do**väj]
Lederwaren	wyrobów skórzanych [vi**ro**buv ßku**~~sch~~a**nich]
Schmuck.	biżuterii [bi~~sch~~u**tä**rji]

Souvenir, Souvenir

Ein heißer Tip für Souvenirjäger sind die sehr bekannten **CEPELIA-Läden,** die Verkaufsfilialen der polnischen Zentrale für volkstümliche und künstlerische Industrie. Hier kann man recht hübsches und geschmackvolles Kunsthandwerk erstehen: kleine Schnitzfiguren, bunt bemalte hölzerne Ostereier, Holzbestecke, Scherenschnitte, Tontöpfe und Tongeschirr, gestickte und gewebte Decken, Folklorekleider und sogar Möbel.

Was ist typisch für	**Co jest typowe dla** [zo jäßt ti**po**vä dla]
diese Stadt	tego miasta [**tä**go **mja**ßta]
diese Gegend	tej okolicy [täj oko**li**zi]
dieses Land?	tego kraju? [**tä**go **kra**ju]
Ist das	**Czy to jest** [tschi to jäßt]
handgemacht	robota ręczna [ro**bo**ta **rẽtsch**na]
echt	prawdziwe [prav**dsi**vä]
antik	antyk [**an**tik]
ein Kunstgegenstand	dzieło sztuki [**dsjä**wo **schtu**ki]
aus der Region?	z tej okolicy? [ßtäj oko**li**zi]

Elektro- und Fotoartikel

Ich suche	**Szukam** [**schu**kam]
eine Batterie	baterii [ba**tär**ji]
für den Walkman	do walkmana [do wolk**mä**na]
für die Taschenlampe	do latarki [do la**tar**ki]
für den Fotoapparat	do aparatu fotograficznego [do apa**ra**tu fotografitsch**nä**go]
für die Videokamera	do videokamery [do vi**dä**oka**mä**ri]
für das Radio.	do radia. [do **ra**dja]
Ich hätte gern	**Chciałbym (Chciałabym)** [**chzjaw**bim (chzja**wa**bim)]
einen Farbfilm	film kolorowy [film kolo**ro**vi]
einen Schwarzweißfilm	film czarno-biały [film **tschar**no **bja**wi]
einen Diafilm	film diapozytywowy [film djapositi**vo**vi]
mit 24 (36) Aufnahmen	z dwudziestoma czterema (trzydziestoma sześcioma) zdjęciami [ßdvudsjä**ßto**ma tschtä**rä**ma (tschidsjä**ßto**ma schäsch**zjo**ma) ßdjẽ**zja**mi]
eine Videokassette	videokasetę [vi**dä**oka**ßä**tẽ]
ein Standardobjektiv	obiektyw standartowy [ob**jäk**tiv ßtandar**to**vi]
ein Weitwinkelobjektiv/ ein Teleobjektiv.	obiektyw szerokokątny/teleobiektyw. [ob**jäk**tiv schä**ro**ko**kõ**tni/**tä**läob**jäk**tiv]
Können Sie mir	**Czy mógłby pan (mogłaby pani)** [tschi **mugw**bi pan (mog**wa**bi **pa**ni)]
den Film einlegen	włożyć film [**vwo**schitsch film]
diesen Film entwickeln	wywołać film [vi**vo**watsch film]
Abzüge anfertigen	zrobić odbitki [**sro**bitsch od**bit**ki]
im Format 9 mal 9	w formacie dziewięć na dziewięć [vfor**ma**zjä **dsjä**vjẽtsch na **dsjä**vjẽtsch]
glänzend/matt?	błyszczące/matowe? [bwisch**tschõ**zä/ma**to**vä]
Machen Sie Paßbilder?	Czy robicie państwo zdjęcia paszportowe? [tschi ro**bi**zjä **panj**ßtvo **ßdjẽ**zja paschpor**to**vä]
Wann sind die Fotos fertig?	Na kiedy zdjęcia będą gotowe? [na **kjä**di **ßdjẽ**zja **bẽ**dõ go**to**vä]

P

... funktioniert nicht richtig.	**... nie działa dobrze.** [njä **dsja**wa **do**bsehä]
Mein Fotoapparat	Mój aparat fotograficzny [muj a**pa**rat fotogra**fitsch**ni]
Mein Blitzlicht	Moja lampa błyskowa [**mo**ja **lam**pa bwiß**ko**va]
Meine Videokamera	Moja videokamera [**mo**ja vi**dä**oka**mä**ra]
Können Sie *einmal nachsehen/das reparieren?*	Czy może pan (pani) to *sprawdzić/naprawić?* [tschi **mo**sehä pan (**pa**ni) to ß**pravd**sitsch/na**pra**vitsch]
Wann kann ich es abholen?	Kiedy mogę odebrać? [**kjä**di **mo**gẽ o**dä**bratsch]

Optiker

Meine Brille ist kaputt.	Moje okulary są uszkodzone. [**mo**jä oku**la**ri sõ uschko**dso**nä]
Können Sie sie reparieren?/ Können Sie mir eine Ersatzbrille geben?	Czy może mi je pan (pani) naprawić?/Czy może pan (pani) dać mi okulary zapasowe? [tschi **mo**sehä mi jä pan (**pa**ni) na**pra**vitsch/tschi **mo**sehä pan (**pa**ni) datsch mi oku**la**ri sapa**ßo**vä]
Wann kann ich die Brille abholen?	Kiedy mogę odebrać okulary? [**kjä**di **mo**gẽ o**dä**bratsch oku**la**ri]
Ich habe *meine Brille/eine Kontaktlinse* verloren.	Zgubiłem (-łam) *okulary/szkła kontaktowe.* [ßgu**bi**wäm (-wam) oku**la**ri/schkwa kontak**to**vä]
Ich bin *kurzsichtig/weitsichtig.*	Jestem *krótkowidzem/dalekowidzem.* [**jäß**täm krutko**vi**dsäm/daläko**vi**dsäm]
Ich habe *rechts/links* ... Dioptrien.	Po *prawej/lewej* stronie mam ... dioptrii. [po **pra**väj/**lä**väj ß**tro**njä mam ... **djop**trji]
Ich brauche	**Potrzebuję** [potschä**bu**jẽ]
eine Sonnenbrille	okularów przeciwsłonecznych [oku**la**ruv **pschä**zivswo**nätsch**nich]
ein Brillenetui	futerału na okulary [futä**ra**wu na oku**la**ri]
ein Fernglas	lornetki [lor**nät**ki]
*Reinigungs-/Aufbewahrungs*lösung	roztworu *do czyszczenia/do przechowywania* [**roß**tvuru do tschisch**tschä**nja/do pschächovi**va**nja]
für *harte/weiche* Kontaktlinsen.	*twardych/miękkich* szkiełkontaktowych. [**tvar**dich/**mjẽk**kich schkjäw kontak**to**vich]

Drogerie

Ich hätte gerne	**Chciałbym (Chciałabym)** [**chzjaw**bim (chzja**wa**bim)]
Heftpflaster	przylepiec [pschi**lä**pjäz]
Papiertaschentücher	chusteczki higieniczne [chuß**tä**tschki chigjä**nitsch**nä]
eine *Hand-/Haut*creme	krem *do rąk/do twarzy* [kräm do rõk/do **tva**sehi]
eine Sonnencreme	krem do opalania [kräm do opa**la**nja]
ein Shampoo	szampon [**scham**pon]
für *normales/trockenes/fettes* Haar	do włosów *normalnych/suchych/tłustych* [do **vwo**ßuv nor**mal**nich/**ßu**chich/**twu**ßtich]
gegen Schuppen.	przeciw łupieżowi. [**pschä**ziv wupjä**seho**vi]

Tabakwaren

Bitte	**Proszę** [**pro**schẽ]
eine *Schachtel/Stange* Zigaretten	*paczkę/karton* papierosów [**patsch**kẽ/**kar**ton papjä**ro**ßuv]
mit Filter/ohne Filter	z filtrem/bez filtra. [ß**fil**träm/bäß **fil**tra]
Pfeifentabak	tytoń fajkowy [**ti**tonj faj**ko**vi]
Streichhölzer	zapałki [sa**paw**ki]
ein Feuerzeug.	zapalniczkę. [sapal**nitch**kẽ]

Drogerie

Babyflasche	butelka dla niemowląt [bu**täl**ka dla njä**mov**lõt]
(Damen-)Binden	podpaski [pot**paß**ki]
Bürste	szczotka [**schtschot**ka]
Deodorant	dezodorant [däso**do**rant]
Duschgel	żel do kąpieli [schäl do kõ**pjä**li]
Haargummi	gumka do włosów [**gum**ka do **vwo**ßuv]
Haarspray	lakier do włosów [**la**kjär do **vwo**ßuv]
Kamm	grzebień [**gsch**äbjänj]
Körperlotion	płyn do pielęgnacji ciała [pwin do pjälẽg**na**zji **zja**wa]
Kondom	prezerwatywa [präsärva**ti**va]
Lippenpflegestift	pomadka do pielęgnacji ust [po**mat**ka do pjälẽg**na**zji ußt]
Mückenschutz	środek przeciw komarom [**schro**däk **psch**äziv ko**ma**rom]
Nagelfeile	pilniczek do paznokci [pil**ni**tschäk do pas**no**kzi]
Nagelschere	nożyczki do paznokci [no**schitsch**ki do pas**no**kzi]
Parfüm	perfumy [pär**fu**mi]
Pinzette	pinceta [pin**zä**ta]
Rasierklinge	żyletka [schi**lät**ka]
Rasierschaum	pianka do golenia [**pjan**ka do go**lä**nja]
Rasierwasser	płyn po goleniu [pwin po go**lä**nju]
Schnuller	smoczek [**ßmo**tschäk]
Seife	mydło [**mid**wo]
Sicherheitsnadel	agrafka [a**graf**ka]
Spiegel	lusterko [luß**tär**ko]
Spülmittel	płyn do zmywania naczyń [pwin do smi**va**nja **na**tschinj]
Tampons	tampony [tam**po**ni]
Toilettenpapier	papier toaletowy [**pa**pjär toalä**to**vi]
Waschmittel	środek do prania [**schro**däk do **pra**nja]
Watte	wata [**va**ta]
Windeln	pieluszki [pjä**lusch**ki]
Zahnbürste	szczotka do zębów [**schtschot**ka do **sẽ**buv]
Zahnpasta	pasta do zębów [**paß**ta do **sẽ**buv]

Regelrechte Schmuckstücke und ein besonderer Blickfang sind die leuchtend roten Postkästen

Praktische Hinweise

Ärztliche Versorgung

Beim Arzt

Ich brauche (schnell) einen Arzt.	Potrzebuję (szybko) lekarza. [potschä**bu**jẽ (**schip**ko) lä**ka~~sch~~a**]
Rufen Sie bitte *einen Notarzt/ einen Krankenwagen.*	Proszę wezwać *pogotowie ratunkowe/karetkę pogotowia.* [**pro**schẽ **väs**vatsch pogo**to**vjä ratun**ko**vä/ka**rät**kẽ pogo**to**vja]
Wo finde ich hier einen (*deutsch-/englisch*sprachigen)	**Gdzie znajdę tutaj jakiegoś (mówiącego po *niemiecku/angielsku*)** [gdsjä **snaj**dẽ **tu**taj ja**kjä**gosch (muvjõ**zä**go po njä**mjäz**ku/an**gjäl**ßku)]
Frauenarzt	ginekologa [ginäko**lo**ga]
Kinderarzt	pediatrę [pä**dja**trẽ]
Zahnarzt?	dentystę? [dän**ti**ßtẽ]
Kann der Arzt herkommen?	Czy lekarz może przyjść? [tschi **lä**kasch **mo~~sch~~ä** pschijschtsch]
Wann hat er Sprechstunde?	Kiedy on przyjmuje? [**kjä**di on pschij**mu**jä]
Wann kann ich kommen?	Kiedy mogę przyjść? [**kjä**di **mo**gẽ pschijschtsch]
* Co panu (pani) dolega? [zo **pa**nu (**pa**ni) do**lä**ga]	Was fehlt Ihnen?
Mir ist (ständig) schlecht./ Mir ist schwindlig.	Mnie jest (ciągle) niedobrze./ Mam zawroty głowy. [mnjä jäßt (**zjõ**glä) njä**do**bschä/mam sav**ro**ti **gwo**vi]
Ich bin gestürzt.	Upadłem (-łam). [u**pad**wäm (-wam)]
Ich habe mich übergeben.	Wymiotowałem (-łam). [vimjoto**va**wäm (-wam)]
Ich habe mich erkältet.	Przeziębiłem (-łam) się. [pschäsjẽ**bi**wäm (-wam) ßjẽ]

i

Ich habe
eine Allergie
Durchfall
Grippe
Husten
Kopfschmerzen
Bauchschmerzen
Ohrenschmerzen
Halsschmerzen
Herzstechen
(hohes) Fieber.

Mam [mam]
alergię [alärgjẽ]
biegunkę [bjägunkẽ]
grypę [gripẽ]
kaszel [kaschäl]
bóle głowy [bulä gwovi]
bóle brzucha [bulä b~~seh~~ucha]
bóle uszu [bulä uschu]
bóle gardła [bulä gardwa]
kłucie w okolicy serca [kwuzjä v okolizi ßärza]
(wysoką) gorączkę. [(vißokõ) gorõtschkẽ]

* Od kiedy ma pan (pani) gorączkę? [ot kjädi ma pan (pani) gorõtschkẽ]
Seit wann haben Sie Fieber?

Seit 2 Tagen.
Od dwóch dni. [ot dvuch dni]

* Gdzie boli? [gdsjä boli]
* To nic poważnego. [to niz pova~~seh~~nägo]
Wo tut es weh?
Es ist nichts Schlimmes.

Ist *das Bein/der Arm* gebrochen?
Czy *noga/ręka* jest złamana? [tschi noga/rẽka jäßt swamana]

Ich vertrage
die Hitze/das Essen nicht
kein Penicillin.

Nie znoszę [njä ßnoschẽ]
upału/jedzenia [upawu/jädsänja]
penicyliny. [pänizilini]

Ich bin
(im 4. Monat) schwanger
chronisch krank.

Jestem [jäßtäm]
w (czwartym miesiącu) ciąży [v (tschvartim mjäßjõzu) zjõ~~seh~~i]
chronicznie chory (-a). [chronitschnjä chori (-a)]

Ich nehme regelmäßig Medikamente.
Zażywam regularnie lekarstwa. [sa~~seh~~ivam rägularnjä läkarßtva]

Können Sie mir
das verschreiben
etwas gegen ... verschreiben?

Czy może mi pan (pani) [tschi mo~~seh~~ä mi pan (pani)]
to przepisać [to pschäpißatsch]
przepisać coś przeciw ...? [pschäpißatsch zosch pschäziv]

Einnahmevorschriften

dwa/trzy razy dziennie — *2-/3*mal täglich
na czczo — nüchtern
przed posiłkiem/po posiłku — vor den Mahlzeiten/nach den Mahlzeiten
rozpuścić w ustach — im Mund zergehen lassen
rozpuścić w wodzie — in Wasser auflösen
w całości — unzerkaut
zewnętrznie/wewnętrznie — äußerlich/innerlich

i

Beim Zahnarzt

Ich habe (starke) Zahnschmerzen./Ich habe eine Füllung verloren.	(Bardzo) Mnie bolą zęby./Zgubiłem (-łam) plombę. [(**bar**dso) mnjä **bo**lõ **sẽ**bi/sgu**bi**wäm (-wam) **plom**bẽ]
Können Sie	**Czy może mnie pan (pani)** [tschi **mo~~sch~~**ä mnjä pan (**pa**ni)]
mich gleich behandeln	zaraz przyjąć [**sa**raß **pschi**jõtsch]
mir ein Schmerzmittel geben?	dać mi środek przeciwbólowy? [datsch mi **schro**däk **pschä**zivbu**lo**vi]
Bitte reparieren Sie *den Zahn/die Brücke/ die Krone/das Inlay* nur provisorisch.	Proszę mi zreperować *ząb/mostek/ koronkę/plombę* tylko prowizorycznie. [**pro**schẽ mi sräpä**ro**vatsch sõp/**mo**ßtäk/ ko**ron**kẽ/**plom**bẽ **til**ko proviso**ritsch**njä]
Ich möchte eine Spritze.	Chcę dostać zastrzyk. [chzẽ **do**ßtatsch **sa**ßtschik]
Ich möchte keine Spritze.	Nie chcę zastrzyka. [njä chzẽ saß**tschi**ka]
Ist es schlimm?	Czy to coś poważnego? [tschi to zosch pova~~sch~~**nä**go]

Ärztliche Versorgung

Aids	aids [äids]
Allergie	alergia [a**lär**gja]
ansteckend	zakaźny [sa**kasch**ni]
Antibiotikum	antybiotyk [anti**bjo**tik]
Aspirin	aspiryna [aßpi**ri**na]
Attest	zaświadczenie [saschvjad**tschä**njä]
Augentropfen	krople do oczu [**kro**plä do **o**tschu]
Ausschlag	wysypka [vi**ßip**ka]
Beruhigungsmittel	środek uspokajający [**schro**däk ußpokaja**jõ**zi]
Blinddarmentzündung	zapalenie wyrostka robaczkowego [sapa**lä**njä vi**roß**tka robatschko**vä**go]
Blutung (starke)	krwawienie (silne) [krva**vjä**njä (**ßil**nä)]
Bruch	złamanie [swa**ma**njä]
Desinfektionsmittel	środek odkażający [**schro**däk otka~~sch~~a**jõ**zi]
Diabetes	cukrzyca [zu**kschi**za]
Eiter	ropa [**ro**pa]
Entzündung	zapalenie [sapa**lä**njä]
Erbrechen	wymioty [vi**mjo**ti]
Erkältung	przeziębienie [pschäsjẽ**bjä**njä]
Fieber	gorączka [go**rõtsch**ka]
gebrochen	złamany [swa**ma**ni]
Gehirnerschütterung	wstrząśnienie mózgu [vßtschõsch**njä**njä **mus**gu]
Grippe	grypa [**gri**pa]
HIV positiv	HIV pozytywny [hiv posi**tiv**ni]
Hustensaft	syrop od kaszlu [**ßi**rop ot **kasch**lu]
Impfung	szczepienie [schtschä**pjä**njä]
Infektion	zakażenie [saka~~sch~~**ä**njä]
Kohletabletten	węgiel leczniczy [**vẽ**gjäl lätsch**ni**tschi]

Im Krankenhaus

Wo ist das nächste Krankenhaus / die Ambulanz?	**Gdzie jest** [gdsjä jäßt] najbliższy szpital [naj**blisch**schi **schpi**tal] / stacja pogotowia? [**ßtaz**ja pogo**to**vja]
Verständigen Sie bitte Herrn/Frau ... im Hotel ...!	**Proszę zawiadomić** [**pro**schẽ savja**do**mitsch] pana/panią ... [**pa**na/**pa**njõ] w hotelu ...! [v**cho**t**ä**lu]
Haben Sie Privatzimmer?	Czy macie państwo pokoje prywatne? [tschi **ma**zjä **panj**ßtvo po**ko**jä pri**vat**nä]
Wie ist die Diagnose?	Jaka jest diagnoza? [**ja**ka jäßt dja**gno**sa]
Welche Therapie ist erforderlich?	Jaka terapia jest potrzebna? [**ja**ka tä**ra**pja jäßt po**tschäb**na]
Wie lange muß ich bleiben?	Jak długo muszę tutaj pozostać? [jak **dwu**go **mu**schẽ **tu**taj po**soß**tatsch]
(Wann) Darf ich aufstehen?	(Kiedy) Czy mogę wstawać? [(**kjä**di) tschi **mo**gẽ **vßta**vatsch]
Es geht mir (nicht) besser.	(Nie) Czuję się lepiej. [(njä) **tschu**jẽ ßjẽ **lä**pjäj]

Kondom	prezerwatywa [präsärva**ti**va]
Kreislaufstörung	zaburzenie krążenia [sabu**~~sch~~ä**njä krõ**~~sch~~ä**njä]
Magen-Darm-Erkrankung	choroba żołądka i jelit [cho**ro**ba ~~sch~~o**wõt**ka i **jä**lit]
Migräne	migrena [mi**grä**na]
Muskelzerrung	naciągnięcie mięśnia [nazjõg**njẽ**zjä **mjẽsch**nja]
Ohrentropfen	krople do uszu [**krop**lä do **u**schu]
Operation	operacja [opä**raz**ja]
Pflaster	plaster [**pla**ßtär]
Pilz	grzyb [gschip]
Reisekrankheit	choroba lokomocyjna [cho**ro**ba lokomo**zij**na]
röntgen	prześwietlać [pschä**schvjät**latsch]
Salbe	maść [maschtsch]
Schlafmittel	środek nasenny [**schro**däk na**ßän**ni]
Schlangenbiß	ukąszenie węża [ukõ**schä**njä **vẽ**~~sch~~a]
Schmerztablette	tabletki przeciwbólowe [tab**lät**ki **prze**zivbu**lo**vä]
Schnupfen	katar [**ka**tar]
Schweiß	pot [pot]
Seekrankheit	choroba morska [cho**ro**ba **mor**ßka]
Sehnenzerrung	naciągnięcie ścięgna [nazjõg**njẽ**zjä **schzjẽg**na]
Sonnenstich	udar słoneczny [**u**dar ßwo**nätsch**ni]
Verbrennung	oparzenie [opa**~~sch~~ä**njä]
Vergiftung	zatrucie [sa**tru**zjä]
verstaucht	skręcony [ßkrẽ**zo**ni]
Verstopfung	zaparcie [sa**par**zjä]
Virus	wirus [**vi**ruß]
Wunde	rana [**ra**na]

i

April, April auf Polnisch

Prima Aprilis – sagen die Polen, wenn sie jemanden in den April schicken wollen. Und recht deftig sind ihre Palmsonntags- und Osterbräuche: Am Palmsonntag *(Niedziela Palmowa)* werden Schläge mit langen Weidenrouten verabreicht. Am Ostermontag *(Poniedziałek Wielkanocny)*, der auch *Śmingus Dyngus* (etwa: Ostermontagswasserguß) genannt wird, ist es Brauch, einander, besonders aber Passanten, mit reichlich Wasser zu überschütten.

Ich brauche	**Potrzebuję** [potschä**bu**jẽ]
ein Schmerzmittel	środka przeciwbólowego [**schro**dka **pschä**zivbulo**vä**go]
Schlaftabletten.	tabletek nasennych. [tab**lä**täk na**ßän**nich]
Bin ich reisefähig?	Czy mogę kontynuować podróż? [tschi **mo**gẽ kontinu**o**vatsch **po**drusch]
Ich möchte	**Chciałbym (Chciałabym)** [**chzjaw**bim (chzja**wa**bim)]
den Arzt sprechen	rozmawiać z lekarzem [ros**ma**vjatsch ßlä**ka**~~seh~~äm]
entlassen werden	być wypisany (-a) ze szpitala [bitsch vipi**ß**ani (-a) sä schpi**ta**la]
einen Krankenbericht	dostać biuletyn choroby [**do**ßtatsch bju**lä**tin cho**ro**bi]
eine Bestätigung	dostać zaświadczenie [**do**ßtatsch saschvjat**tschä**njä]
für meine Krankenkasse	dla mojej kasy chorych [dla **mo**jäj **ka**ßi **cho**rich]
für meinen Hausarzt.	dla mojego lekarza domowego. [dla mo**jä**go lä**ka**~~seh~~a domo**vä**go]

In der Apotheke

Ich suche eine Apotheke.	Szukam apteki. [**schu**kam ap**tä**ki]
Ich habe ein Rezept.	Mam receptę. [mam rä**zäp**tẽ.]
Ich habe ein kein Rezept.	Nie mam recepty. [njä mam rä**zäp**ti]
Ich brauche	**Potrzebuję** [potschä**bu**jẽ]
etwas *gegen Husten/ gegen (Kopf-)Schmerzen/ gegen Sonnenbrand*	czegoś *przeciw kaszlowi/przeciw bólowi (głowy)/przeciw oparzeniu słonecznemu* [**tschä**gosch **pschä**ziv kasch**lo**vi/**pschä**ziv bu**lo**vi (**gwo**vi)/**pschä**ziv opa~~seh~~**ä**nju ßwonätsch**nä**mu]
für mich	dla mnie [dla mnjä]
für Erwachsene/für Kinder.	dla dorosłych/dla dzieci. [dla do**roß**wich/dla **dsjä**zi]
Ist das Mittel *stark/mild?*	Czy ten środek jest *mocny/łagodny?* [tschi tän **schro**däk jäßt **moz**ni/wa**god**ni]
Wieviele *Tabletten/Tropfen* muß ich nehmen?	Ile *tabletek/kropli* muszę brać? [**i**lä tab**lä**täk/**krop**li **mu**schẽ bratsch]

Geben Sie mir bitte *eine Quittung/einen Durchschlag des Rezepts.*
Proszę mi dać *pokwitowanie/kopię recepty.* [**pro**schẽ mi datsch pokvito**va**njä/**ko**pjẽ rä**zäp**ti]

Feiertage und Feste

Ist heute (National-)Feiertag?
Czy dzisiaj jest święto (narodowe)? [tschi **dsi**ßjaj jäßt **schvjẽ**to (naro**do**vä)]

Welches Fest wird heute gefeiert?
Jakie święto obchodzi się dzisiaj? [**ja**kjä **schvjẽ**to op**cho**dsi ßjẽ **dsi**ßjaj]

Wo sind die schönsten *Prozessionen/Umzüge*?
Gdzie są najpiękniejsze *procesje/pochody*? [gdsjä sõ najpjẽk**njäj**schä pro**zäß**jä/po**cho**di]

Wann beginnt das Festprogramm?
O której rozpoczyna się uroczystość? [o **ktu**räj roßpo**tschi**na ßjẽ uro**tschi**ßtoschtsch]

Geld und Währung

Kann ich hier mit ... bezahlen?
Czy mogę tutaj płacić [tschi **mo**gẽ **tu**taj **pwa**zitsch]

Travellerschecks — czekami podróżnymi [tschä**ka**mi podru~~sch~~**ni**mi]
EC-Karte — kartą bankomatową [**kar**tõ bankoma**to**wõ]
Kreditkarte — kartą kredytową? [**kar**tõ krädi**to**wõ]

(Wo) Gibt es hier
(Gdzie) Czy jest tutaj [gdsjä/tschi jäßt **tu**taj]

eine Bank — bank [bank]
eine Wechselstube — kantor [**kan**tor]
ein Postamt — urząd pocztowy [u~~sch~~õt potsch**to**vi]
einen Geldautomaten? — bankomat? [ban**ko**mat]

Wann/Wie lange hat die Bank geöffnet?
Kiedy/Jak długo bank jest otwarty? [**kjä**di/jak **dwu**go bank jäßt ot**var**ti]

Kann ich hier Geld vom Postsparbuch abheben?
Czy mogę tutaj podjąć pieniądze z książeczki oszczędnościowej? [tschi **mo**gẽ **tu**taj **pod**jõtsch pjä**njõ**dsä ßkßjõ~~sch~~**ätsch**ki oschtschẽdno**schzjo**väj]

* Ile pan (pani) chce? [**i**lä pan (**pa**ni) chzä]	Wieviel möchten Sie?
500 Złoty.	Pięćset złoty. [**pjẽtsch**ßät **swo**ti]
Wie ist der aktuelle Kurs?	Jaki jest aktualny kurs? [**ja**ki jäßt aktu**al**ni kurß]
Wie hoch ist die Gebühr pro Überweisung?	Jak wysoka jest opłata za przelew? [jak vi**ßo**ka jäßt o**pwa**ta sa **pschä**läv]
Ich möchte 100 *Euro/ Schweizer Franken* in Złoty wechseln.	Chciałbym (Chciałabym) wymienić sto *euro/ franków szwajcarskich* na złotówki. [**chzjaw**bim (chzja**wa**bim) vi**mjä**nitsch ßto **e**uro/ **fran**kuv schvaj**zar**ßkich na swo**tuv**ki]
Geben Sie mir bitte *kleine Scheine/auch Münzen/ Kleingeld!*	Proszę dać mi *w małych banknotach/także w bilonie/drobnymi!* [**pro**schẽ datsch mi v**ma**wich ban**kno**tach/**tak**schä vbi**lo**njä/drob**ni**mi]
Bekomme ich Bargeld mit meiner Kreditkarte?	Czy dostanę gotówkę na moją kartę kredytową? [tschi do**ßta**nẽ go**tuv**kẽ na **mo**jõ **kar**tẽ krädi**to**võ]
Ist meine *Bank-/Post*anweisung eingetroffen?	Czy nadszedł już mój przekaz *bankowy/ pocztowy*? [tschi **nat**schätw jusch muj **pschä**kaß ban**ko**vi/potsch**to**vi]

Kriminalität, Polizei

Wo ist das nächste Polizeirevier?	Gdzie jest najbliższy komisariat policji? [gdsjä jäßt naj**blisch**schi komi**ßa**rjat po**li**zji]
Rufen Sie bitte die Polizei!	Proszę wezwać policję! [**pro**schẽ **väs**vatsch po**li**zjẽ]
Man hat mich bestohlen.	Zostałem okradziony (-a). [so**ßta**wäm okra**dsjo**ni (-a)]
Man hat mich auf der Straße überfallen.	Napadnięto na mnie na ulicy. [napad**njẽ**to na mnjä na u**li**zi]
Dieser Mann *belästigt mich/ verfolgt mich.*	Ten mężczyzna *mnie napastuje/ mnie prześladuje.* [tän mẽsch**tschis**na mnjä napaß**tu**jä/mnjä pschäschla**du**jä]
Mein Auto ist aufgebrochen worden.	Włamano się do mego samochodu. [vwa**ma**no ßjẽ do **mä**go ßamo**cho**du]
... ist gestohlen worden!	**... został skradziony!** [**so**ßtaw ßkra**dsjo**ni]
Mein Ausweis	Mój dowód [muj **do**vut]
Mein *Auto/Fahrrad*	Mój *samochód/rower* [muj ßa**mo**chut/**ro**vär]
Meine Brieftasche	Mój portfel [muj **port**fäl]
Mein Fotoapparat	Mój aparat fotograficzny [muj a**pa**rat fotogra**fitsch**ni]
Meine Uhr	Mój zegarek [muj sä**ga**räk]
Mein Koffer	Moją walizka [**mo**jõ va**liß**kõ]
Mein Handy	Moją komurka [**mo**jõ ko**mur**kõ]
Meine Handtasche/Meine EC-Karte ist mir gestohlen worden!	Ukradziono mi *moją torebkę/moją kartą bankomatową!* [ukra**dsjo**no mi **mo**jõ to**räp**kẽ/ **mo**jõ **kar**tõ bankoma**to**wõ]

Ich möchte ... anzeigen. einen Diebstahl/einen Betrug/einen Überfall eine Vergewaltigung	**Chcę zgłosić** [chzẽ **ßgwo**ßitsch] kradzież/oszustwo/napad [**kra**dsjäsch/o**schußt**vo/**na**pat] zgwałcenie. [ßgvaw**zä**njä]
Ich möchte einen Unfall melden *mit einem Anwalt/mit meiner Botschaft* sprechen.	**Chcę** [chzẽ] zawiadomić o wypadku [savja**do**mitsch o vi**pat**ku] rozmawiać *z moim adwokatem/ z moją ambasadą.* [roß**ma**vjatsch ß**mo**im advo**ka**täm/ ß**mo**jõ amba**ßa**dõ]
Spricht hier jemand *Deutsch/ Englisch?*	Czy ktoś mówi tutaj po *niemiecku/ angielsku?* [tschi ktosch **mu**vi **tu**taj po njä**mjäz**ku/an**gjäl**ßku]
Ich brauche einen Dolmetscher eine Bescheinigung für meine Versicherung.	**Potrzebuję** [potschä**bu**jẽ] tłumacza [twu**ma**tscha] zaświadczenia dla mojej ubezpieczalni. [saschvjat**tschä**nja dla **mo**jäj ubäßpjä**tschal**ni]
Ich bin nicht schuld. Damit habe ich nichts zu tun.	Jestem niewinny. [**jäß**täm njä**vin**ni] Nie mam z tym nic do czynienia. [njä mam ßtim niz do tschi**njä**nja]
* *Kiedy/Gdzie* to się zdarzyło? [**kjä**di/gdsjä to ßjẽ ßda**seh**iwo]	*Wann/Wo* ist es passiert?

Notruf, Notfall

▶ **(Siehe auch Panne, Unfall, S. 24, und Im Krankenhaus, S. 75.)**

* Niebezpieczeństwo (dla życia)! [njäbäßpjä**tschänj**ßtvo (dla **schi**zja)]	(Lebens-)Gefahr!
* Ratunku! [ra**tun**ku]	Hilfe!

Öffnungszeiten

Wann öffnet/schließt der Supermarkt das Kaufhaus das Geschäft die Bank das Postamt das Museum?	**O której otwiera/zamyka** [o **ktu**räj ot**vjä**ra/sa**mi**ka] supermarket [**ßu**pär**mar**kät] dom towarowy [dom tova**ro**vi] sklep [ßkläp] bank [bank] urząd pocztowy [**useh**õt potsch**to**vi] muzeum? [**mu**säum]
Haben Sie mittags geöffnet einen Ruhetag?	**Czy państwo macie** [tschi **panj**ßtvo **ma**zjä] otwarte w południe [ot**var**tä vpo**wud**njä] dzień wolny od pracy? [dsjänj **vol**ni ot **pra**zi]

Post

Wo ist hier bitte
die Post
ein Briefkasten?

Gdzie jest tutaj [gdsjä jäßt **tu**taj]
poczta [**potsch**ta]
skrzynka pocztowa? [**ßkschin**ka potsch**to**va]

Ich möchte
10 *Briefmarken/Sondermarken*
für *Karten/Briefe*
nach Deutschland/nach Österreich/in die Schweiz
eine Telefonkarte.

Chcę [chzẽ]
dziesięć *znaczków/znaczki okazyjne*
[**dsjä**ßjẽtsch **ßnatsch**kuv/**ßnatsch**ki oka**sij**nä]
na *kartki/listy* [na **kart**ki/**liß**ti]
do Niemiec/do Austrii/do Szwajcarii
[do **njä**mjäz/do **au**ßtrji/do schvaj**za**rji]
kartę magnetyczną. [**kar**tẽ magnä**titsch**nõ]

Per Luftpost.
Per Expreß.

Pocztą lotniczą. [**potsch**tõ lot**ni**tschõ]
Ekspresem. [äkß**prä**ßäm]

* Poste restante.
[**poß**tä räß**tan**tä]

Postlagernd.

Ist Post für mich da?

Czy jest poczta dla mnie?
[tschi jäßt **potsch**ta dla mnjä]

Mein Name ist …

Nazywam się … [na**si**vam ßjẽ]

Ich möchte *ein Päckchen/ein Telegramm* aufgeben.

Chciałbym (chciałabym) nadać *paczkę/telegram.*
[**chzjaw**bim (chzja**wa**bim) **na**datsch **patsch**kẽ/
tä**lä**gram]

Wieviel kosten 10 Wörter?

Ile kosztuje dziesięć słów?
[**i**lä kosch**tu**jä **dsjä**ßjẽtsch ßwuv]

Ich möchte *nach Deutschland/nach Österreich/in die Schweiz* telefonieren.

Chcę zadzwonić *do Niemiec/do Austrii/do Szwajcarii.* [chzẽ sads**vo**nitsch do **njä**mjäz/
do **au**ßtrji/do schvaj**za**rji]

▶ **(Siehe auch Telefonieren, S. 82.)**

Kann ich hier ein Telefax nach … abschicken?

Czy mogę tu wysłać telefax do …?
[tschi **mo**gẽ tu **wiß**watsch tä**lä**fakß do]

Wieviel kostet das?

Ile to kosztuje? [**i**lä to kosch**tu**jä]

Radio und Fernsehen

Auf welcher Frequenz kann man … empfangen?
den Verkehrsfunk

Na jakiej częstotliwości mogę odbierać
[na **ja**kjäj tschẽßtotli**vosch**zi **mo**gẽ ot**bjä**ratsch]
radio dla zmotoryzowanych?
[**ra**djo dla ßmotoriso**va**nich]

deutsche/englische Radiosendungen

niemieckie/angielskie stacje radiowe?
[njä**mjäz**kjä/an**gjäl**ßkjä **ßtaz**jä ra**djo**vä]

Um wieviel Uhr gibt es Nachrichten?

O której są wiadomości?
[o **ktu**räj sõ vjado**mosch**zi]

Haben Sie ein Fernsehprogramm?

Czy ma pan (pani) program telewizyjny?
[tschi ma pan (**pa**ni) **pro**gram tälävi**sij**ni]

Gibt es einen Fernsehraum?

Czy jest tu świetlica z telewizorem?
[tschi jäßt tu schvjät**li**za ßtälävi**so**räm]

ŚWIĘTY FRANCISZKU MÓDL SIĘ ZA NAMI
DAR 3-GOZAKONU

Welche Programme sind zu empfangen?	Jakie programy można odbierać? [**ja**kjä pro**gra**mi **mo~~seh~~**na ot**bjä**ratsch]

Telefonieren

(Wo) Kann ich hier	**(Gdzie) Czy mogę tutaj** [(gdsjä) tschi **mo**gẽ **tu**taj]
telefonieren eine Telefonkarte kaufen?	zatelefonować [satäläfo**no**vatsch] kupić kartę magnetyczną? [**ku**pitsch **kar**tẽ magnä**titsch**nõ]
Gibt es hier eine Telefonzelle ein öffentliches Telefon ein *Münz-/Karten*telefon?	**Czy jest tutaj** [tschi jäßt **tu**taj] budka telefoniczna [**but**ka täläfo**nitsch**na] telefon publiczny [tä**lä**fon pub**litsch**ni] telefon *na żetony/na karty?* [tä**lä**fon na ~~seh~~ä**to**ni/na **kar**ti]
Ich brauche Fernsprechmünzen zum Telefonieren.	Potrzebne mi są żetony do telefonu. [po**tschä**bnä mi ßõ ~~seh~~ä**to**ni do tälä**fo**nu]
Kann ich ein Telefonbuch von ... haben?	Czy dostanę tu książkę telefoniczną ...? [tschi do**ßta**nẽ tu **kßjösch**kẽ täläfo**nitsch**nõ]
Kann ich durchwählen nach ...?	Czy mogę bezpośrednio zadzwonić do ...? [tschi **mo**gẽ bäßpo**schräd**njo sads**vo**nitsch do]
Bitte ein Ferngespräch nach ...!	Proszę o rozmowę międzymiastową do ...! [**pro**schẽ o ros**mo**vẽ **mjẽ**dsimja**ßto**võ do]
Wie lange muß ich warten?	Jak długo muszę czekać? [jak **dwu**go **mu**schẽ **tschä**katsch]
Was kostet eine Minute nach ...?	Ile kosztuje minuta do ...? [ilä kosch**tu**jä mi**nu**ta do]
Gibt es einen günstigen Nachttarif?	Czy korzystniej jest dzwonić w nocy? [tschi ko**~~seh~~ißt**njäj jäßt **dsvo**nitsch v**no**zy]
Ich möchte ein R-Gespräch anmelden.	Chcę zamówić „erkę". [chzẽ sa**mu**vitsch **är**kẽ]
* Zajęte. [sa**jẽ**tä]	Besetzt.
Es meldet sich niemand.	Nikt nie odpowiada. [nikt njä otpo**vja**da]
Hallo!	Halo! [**cha**lo]
Wer spricht?	Kto mówi? [kto **mu**vi]
Hier spricht ...	Tu jest ... [tu jäßt]
Kann ich *Herrn/Frau* ... sprechen?	Czy mogę rozmawiać *z panem/z panią* ...? [tschi **mo**gẽ roß**ma**vjatsch ß**pa**näm/ß**pa**njõ]
* Przy aparacie. [pschi apa**ra**zjä]	Am Apparat.
* Niestety nie ma *go/jej.* [njä**ßtä**ti njä ma go/jäj]	*Er/Sie* ist leider nicht da.
Sprechen Sie *Deutsch/Englisch?*	Czy mówi pan (pani) po *niemiecku/angielsku?* [tschi **mu**vi pan (**pa**ni) po njä**mjäz**ku/an**gjäl**ßku]
Wann ist *er/sie* zu sprechen?	Kiedy mogę *z nim/z nią* rozmawiać? [**kjä**di **mo**gẽ snim/snjõ roß**ma**vjatsch]
Ich rufe später wieder an.	Zadzwonię jeszcze raz później. [sads**vo**njẽ **jäsch**tschä raß **pusch**njäj]

Rund ums Telefonieren

Noch vor einigen Jahren näherte man sich in Polen einem öffentlichen Telefon nur höchst ungern. Und dieses Unbehagen hatte verschiedene Gründe: Entweder funktionierten die Apparate nicht, oder die Leitungen waren hoffnungslos überlastet, oder aber man kam durch, landete dann jedoch plötzlich in einer ganz anderen Stadt als man wollte ... Ein heftiger Regenschauer genügte, um die Telefonverbindungen eines ganzen Stadtviertels lahmzulegen.

Die Zeiten haben sich geändert. Die Verbindungen sind besser geworden, und anstelle der Münzautomaten, die jeden Anrufer zum Verzweifeln brachten, der hier mit einer der drei benötigten Arten von *żetony* zu telefonieren versuchte, werden immer mehr Kartentelefone installiert. Telefonkarten für 25, 50 oder 100 Einheiten kann man bei den Postämtern, gelegentlich auch an Kiosken erstehen. Vor dem Benutzen der Karte muß man eine markierte Ecke abreißen. Von den Kartentelefonen können auch problemlos Gespräche ins Ausland geführt werden.

Hier ein paar wichtige Informationen, die Ihnen beim öffentlichen Kartentelefon begegnen. Die Bedienung der Apparate wird durch Bilder erklärt:

Nach Abnehmen des Hörers erscheinen nacheinander:

- włóż kartę (Telefonkarte einführen)
- kredyt (Guthaben)
- odbierz kartę (Karte herausnehmen)
- dziękuję (Danke).

Die wichtigsten gebührenfreien Verbindungen:

9 97 Polizei;
9 98 Feuerwehr;
9 99 Notarzt.

Vorwahl nach Deutschland: 00 49, nach Österreich: 00 43, in die Schweiz: 00 41.

Richten Sie bitte aus, daß ich angerufen habe. — Proszę przekazać, że ja dzwoniłem (-łam). [**pro**schẽ pschä**ka**satsch ~~sch~~ä ja dsvo**ni**wäm (-wam)]
Meine Nummer ist ... — Mój numer ... [muj **nu**mär]
Danke, auf Wiederhören! — Dziękuję, do usłyszenia! [dsjẽ**ku**jẽ do ußwi**schä**nja]

Toiletten

Wo sind die Toiletten bitte? — Gdzie są toalety? [gdsjä sõ toa**lä**ti]
Gibt es hier eine öffentliche Toilette? — Czy jest tu szalet? [tschi jäßt tu **scha**lät]

* Dla pań./Dla panów. [dla panj/dla **pa**nuv] — Damen./Herren.

Trinkgeld

Ist der Service im Preis inbegriffen? — Czy serwis jest zawarty w cenie? [tschi **ßär**viß jäßt sa**var**ti v**zä**njä]
Wieviel Trinkgeld ist üblich? — Jaki daje się napiwek? [**ja**ki **da**jä ßjẽ na**pi**väk]
Das ist für Sie! — To jest dla pana (pani)! [to jäßt dla **pa**na (**pa**ni)]
Behalten Sie den Rest! — Proszę zatrzymać resztę! [**pro**schẽ sa**tschi**matsch **rä**schtẽ]
Stimmt so! — Zgadza się! [**ßga**dsa ßjẽ]

Reisewörterbuch Deutsch-Polnisch

A

Abend wieczór [**vjä**tschur] 12, 18
Abendessen kolacja [ko**la**zja] 33
Abfahrt odjazd [**od**jaßt] 28, 30
Abflug odlot [**od**lot] 29
Abteil przedział [**pschä**dsjaw] 28
Achtung uwaga [u**va**ga] 28, 54
Adresse adres [**ad**räß] 15
Ärmel rękaw [**rẽ**kav] 65
alle wszyscy [**vschi**ßzi]
Allee aleja [a**lä**ja]
allein sam [ßam]
alles wszystko [**vschißt**ko]
alt stary [**ßta**ri]
Alter wiek [vjäk] 18
Amt urząd [**u**~~sch~~õt] 49, 80
anders inaczej [i**na**tschäj]
Anfang początek [po**tschõ**täk]
Angst strach [ßtrach] 72, 78
Anorak skafander [ßka**fan**där] 65, 66
anstrengend męczący [mẽ**tschõ**zi]
Antiquitäten antyki [an**ti**ki] 67
Anwalt adwokat [ad**vo**kat] 78
Anzug garnitur [gar**ni**tur] 65, 66
Apotheke apteka [ap**tä**ka] 76
Arbeit praca [**pra**za] 15
Arm ramię [**ra**mjẽ] 74
arm biedny [**bjäd**ni]
Arzt lekarz [**lä**kasch] 72, 74
Aufenthalt pobyt [**po**bit] 16
Aufzug winda [**vin**da] 38
Augenblick chwila [**chvi**la]
Ausfahrt wyjazd [**vi**jaßt] 22
Ausflug wycieczka [vi**zjätsch**ka] 52
Ausgang wyjście [**vij**schzjä] 28, 30
Auskunft informacja [infor**ma**zja] 49
Ausländer cudzoziemiec [zudso**sjä**mjäz] 13, 21
Aussicht widok [**vi**dok] 50
aussteigen wysiadać [vi**ßja**datsch] 28, 30
Ausverkauf wyprzedaż [vi**pschä**dasch] 61, 65
Ausweis dowód [**do**vut] 20
Auto samochód [ßa**mo**chut] 22, 27

B

Baby niemowlę [njä**mov**lẽ] 62, 71
Babyfläschchen butelka dla niemowląt [bu**täl**ka dla njä**mov**lõt] 71
Babynahrung pokarm dla niemowląt [**po**karm dla njä**mov**lõt] 62
Bad kąpiel [**kõ**pjäl] 53
Badeanzug strój kąpielowy [struj kõpjä**lo**vi] 53, 66
Badehose kąpielówki [kõpjä**luv**ki] 53, 66
Bäckerei piekarnia [pjä**kar**nja] 64
Bahnhof dworzec [**dvo**~~sch~~äz] 28
Bahnsteig peron [**pä**ron] 28
Ball piłka [**piw**ka] 54, 55
Bank bank [bank] 77, 79
Bargeld gotówka [go**tuv**ka] 77
Batterie bateria [ba**tär**ja] 68
Batterie *(Auto)* akumulator [akumu**la**tor] 27
Baum drzewo [**d~~sch~~ä**vo]
Baumwolle bawełna [ba**wäw**na] 65, 66
Bedienung obsługa [op**ßwu**ga] 40, 61
Benzin benzyna [bän**si**na] 24
Berg góra [**gu**ra] 50, 56
Beruf zawód [**sa**vut] 15
Beschwerde skarga [**ßkar**ga] 34, 42
besetzt zajęty [sa**jẽ**ti] 28, 30
Besichtigung zwiedzanie [svjä**dsa**njä] 50
Besitzer właściciel [vwasch**zi**zjäl]
Besteck sztućce [**schtutsch**zä] 38, 42
Betrag kwota [**kvo**ta] 43, 61
Bett łóżko [**wu~~sch~~**ko] 42
BH biustonosz [bju**ßto**nosch] 65, 66
Bier piwo [**pi**vo] 48
Bierlokal piwiarnia [pi**vjar**nja] 48
Bikini bikini [bi**ki**ni] 65, 66
Bild obraz [**o**braß] 50
billig tani [**ta**ni]
bißchen, ein trochę [**tro**chẽ]
bitte proszę [**pro**schẽ]
Blitz błyskawica [bwißka**vi**za] 20
Blumen kwiaty [**kvja**ti] 61
Bluse bluzka [**bluß**ka] 65, 66

Blut krew [kräv] 73
Boden ziemia [sjämja]
böse zły [swi]
Boot łódka [wutka] 53
Botschaft ambasada [ambaßada] 22
Boutique butik [butik] 61, 65
Brand pożar [po~~sch~~ar] 79
breit szeroki [schäroki]
Brief list [lißt] 80
Briefkasten skrzynka pocztowa [ßkschinka potschtova] 80
Briefmarke znaczek pocztowy [snatschäk potschtovi] 80
Brieftasche portfel [portfäl] 77, 78
Brille okulary [okulari] 70
Brosche broszka [broschka] 67
Bruder brat [brat] 13, 15
Brücke most [moßt] 50
Buch książka [kßjõschka] 65
Buchhandlung księgarnia [kßjẽgarnja] 65
Bucht zatoka [satoka] 53, 55
Büro biuro [bjuro] 79
Burg zamek [samäk] 50
Bus autobus [autobuß] 30
Busbahnhof dworzec autobusowy [dvo~~sch~~äz autobußovi] 31

C

Café kawiarnia [kavjarnja] 40
Campingplatz plac kempingowy [plaz kempingovi] 35, 36
Charterflug lot czarterowy [lot tschartärovi] 29
Cousin kuzyn [kusin] 13, 15
Cousine kuzynka [kusinka] 13, 15

D

Damenbinden podpaski [potpaßki] 71
Damentoilette dla pań [dla panj] 83
danke dziękuję [dsjẽkujẽ] 14
Datum data [data] 18
Decke kołdra [kowdra] 38
defekt uszkodzony [uschkodsoni] 24, 26
Delikatesse przysmak [pschißmak] 44
Deodorant dezodorant [däsodorant] 71
deutsch niemiecki [njämjäzki] 13
Deutsche Mark marka niemiecka [marka njämjäzka] 77
Deutschland Niemcy [njämzi] 13, 15
dick gruby [grubi]
Diebstahl kradzież [kradsjäsch] 78
Dienstag wtorek [vtoräk] 19
Diesel olej napędowy [oläj napẽdovi] 24
Ding rzecz [~~sch~~ätsch]
direkt bezpośrednio [bäßposchrädnjo] 22, 28
Direktflug lot bezpośredni [lot bäßposchrädni] 29
Direktor dyrektor [diräktor] 32
Diskothek dyskoteka [dißkotäka] 59
Dolmetscher tłumacz [twumatsch]
Donnerstag czwartek [tschvartäk] 19
doppelt podwójny [podvujni]
Dorf wieś [vjäsch] 22, 52
Drogerie drogeria [drogärja] 70, 71
dünn cienki [zjänki]
dumm głupi [gwupi]
dunkel ciemny [zjämni] 20
Durchgang przejście [pschäjschzjä] 50
Durst pragnienie [pragnjänjä] 48
Dusche prysznic [prischniz] 33, 38

E

echt prawdziwy [pravdsivi]
Ecke kąt [kõt]
Ehefrau żona [~~sch~~ona] 13, 15
Ehemann mąż [mõsch] 13, 15
Ehepaar małżeństwo [maw~~sch~~änjßtvo] 13, 15
Eingang wejście [väjschzjä] 28, 30
einige kilka [kilka]
Einkaufszentrum centrum handlowe [zäntrum chandlovä] 61
einladen zapraszać [sapraschatsch] 42
Eintritt wstęp [vßtẽp] 49, 57
Eintrittskarte bilet wstępu [bilät vßtẽpu] 49, 57
Einwohner mieszkaniec [mjäschkanjäz]
Elektrohandlung sklep ze sprzętem elektrycznym [ßkläp sä ßpschẽtäm äläktritschnim] 68
Eltern rodzice [rodsizä] 13, 15
Endstation stacja końcowa [ßtazja konjzova] 28, 30
England Anglia [anglja] 13, 15
englisch angielski [angjälßki] 13
Enkelkind wnuk [vnuk] 13, 15
Entschuldigung przepraszam [pschäpraschaml 14
Erde ziemia [sjämja]
Erdgeschoß parter [partär] 32

Ergebnis wynik [**vi**nik] 54
ernst poważny [po**vaseh**ni]
erschöpft zmęczony [smẽ**tscho**ni]
Erwachsener dorosły [do**roß**wi] 28, 30
Erzählung opowiadanie [opovja**da**njä]
Erziehung wychowanie [vicho**va**njä]
eßbar jadalny [ja**dal**ni] 64
Essen jedzenie [jä**dsä**njä] 40
etwas coś [zosch]

F
Fabrik fabryka [fa**bri**ka] 15
Fähre prom [prom] 30
Fahrer kierowca [kjä**rov**za] 28, 30
Fahrkarte bilet [**bi**lät] 28, 30
Fahrplan rozkład jazdy [**roß**kwat **jas**di] 28, 30
Fahrrad rower [**ro**vär] 22, 27
falsch fałszywy [faw**schi**vi]
Familie rodzina [ro**dsi**na] 12
Farbe kolor [**ko**lor] 20
faul leniwy [lä**ni**vi]
fehlen brakować [bra**ko**vatsch]
Fehler błąd [bwõt]
Feiertag święto [**schvjẽ**to] 77
Feld pole [**po**lä]
Ferien wakacje [va**ka**zjä]
Ferienhaus dom wczasowy [dom vtscha**ßo**vi] 35
Ferngespräch rozmowa międzymiastowa [roß**mo**va mjẽdsimja**ßto**va] 82
fertig gotowy [go**to**vi]
Fest uroczystość [uro**tschiß**toschtsch] 60, 77
fest stały [**ßta**wi]
feucht wilgotny [vil**got**ni]
Feuer ogień [**o**gjänj] 79
Feuerlöscher gaśnica [gasch**ni**za] 79
Feuerwehr straż pożarna [ßtrasch po**seharna**] 79
Film film [film] 57
Finger palec [**pa**läz] 74
Firma firma [**fir**ma]
Fischgeschäft sklep rybny [ßkläp **rib**ni] 45
Flasche butelka [bu**täl**ka] 40
Flaschenöffner otwieracz do butelek [ot**vjä**ratsch do bu**tä**läk] 61
Fliegen muchy [**mu**chi]
Fliegennetz siatka na muchy [**ßjat**ka na **mu**chi]
Flohmarkt pchli targ [pchli tark] 61
Flug lot [lot] 29
Flughafen lotnisko [lot**niß**ko] 29
Flugzeug samolot [ßa**mo**lot] 29
Fluß rzeka [**sehä**ka]
Formular formularz [for**mu**lasch] 21
Foto zdjęcie [**ßdjẽ**zjä] 68
Fotoapparat aparat fotograficzny [a**pa**rat fotogra**fitsch**ni] 68
Fotogeschäft sklep fotograficzny [ßkläp fotogra**fitsch**ni] 68
Fräulein panna [**pan**na] 12
Frage pytanie [pi**ta**njä] 16, 17
Frankreich Francja [**fran**zja] 13, 15
französisch francuski [fran**zuß**ki] 13
Frau pani [**pa**ni] 13
frei wolny [**vol**ni]
Freitag piątek [**pjõ**täk] 19
Fremdenverkehrsamt zarząd turystyki [**sa**sehot turiß**ti**ki] 49
Freund przyjaciel [pschi**ja**zjäl] 13, 15
Freundin przyjaciółka [pschija**zjuw**ka] 13, 15
frisch świeży [**schvjä**sehi]
Friseur fryzjer [**fri**sjär]
Frottee frotte [**fro**tä] 65, 66
früh wcześnie [**vtschäsch**njä] 18
Frühling wiosna [**vjoß**na] 19
Frühstück śniadanie [schnja**da**njä] 33, 44
Führerschein prawo jazdy [**pra**vo **jas**di] 20
Führung oprowadzanie [oprova**dsa**njä] 49, 52
Fundbüro biuro rzeczy znalezionych [**bju**ro **seh**ätschi snalä**sjo**nich] 78
Fuß stopa [**ßto**pa] 74
Fußball piłka nożna [**piw**ka **noseh**na] 54, 55
Fußgänger przechodzień [pschä**cho**dsjänj] 50

G
Gabel widelec [vi**dä**läz] 42
Garage garaż [**ga**rasch] 23, 38
Garantie gwarancja [gva**ran**zja] 26, 61
Garten ogród [**o**grut] 50
Gebühr opłata [o**pwa**ta] 77, 78
Geburtstag dzień urodzin [dsjänj u**ro**dsin] 14, 18
Gefahr niebezpieczeństwo [njäbäßpjä**tschänj**ßtvo] 23, 54
gehen iść [ischtsch]
gekocht ugotowany [ugoto**va**ni]

Geld pieniądze [pjä**njõ**dsä] 77
Geldbeutel portmonetka [portmo**nä**tka] 78
Geldwechsel wymiana walut [vi**mja**na **va**lut] 78
Gemüse warzywa [va~~sch~~**i**va] 47, 62
geöffnet otwarty [ot**var**ti]
Gepäck bagaż [**ba**gasch] 38
Gepäckaufbewahrung przechowalnia bagażu [pschächo**val**nja ba**ga**~~sch~~u] 28
geradeaus prosto [**pro**ßto]
gern chętnie [**chẽt**njä]
Geruch zapach [**sa**pach] 64
Geschäft sklep [ßkläp] 61
Geschenk prezent [**prä**sänt] 61, 67
geschlossen zamknięty [sam**knjẽ**ti] 79
Geschmack smak [ßmak] 40, 64
Geschwindigkeit prędkość [**prẽt**koschtsch] 28, 30
gesund zdrowy [**sdro**vi]
Getränk napój [**na**puj] 48
getrennt osobno [o**ßo**bno]
Gewicht ciężar [**zjẽ**~~sch~~ar] 19, 61
Gewitter burza [**bu**~~sch~~a] 20
giftig trujący [tru**jõ**zi]
Glas *(Fenster)* szkło [schkwo] 26, 50
glücklich szczęśliwy [schtschẽ**schli**vi]
Grad stopień [**ßto**pjänj] 20
Grenze granica [gra**ni**za] 21
groß duży [**du**~~sch~~i]
Großmutter babcia [**bab**zja] 13, 15
Großvater dziadek [**dsja**däk] 13, 15
Grund powód [**po**vut]
Gruppe grupa [**gru**pa]
gültig ważny [**va**~~sch~~ni]
Gürtel pasek [**pa**ßäk] 66
Gummistiefel kalosze [ka**lo**schä] 65, 66
Gurt pas [paß] 27
gut dobry [**do**bri]

H

Haarbürste szczotka do włosów [**schtschot**ka do **vwo**ßuv] 71
Haare włosy [**vwo**ßi]
Haarspray lakier do włosów [**la**kjär do **vwo**ßuv] 71
häßlich brzydki [**b~~sch~~it**ki]
Hafen port [port] 30
Halstuch apaszka [a**pasch**ka] 65, 66
Halt! Stój! [ßtuj]
Haltestelle przystanek [pschi**ßta**näk] 28, 30
Handgepäck bagaż ręczny [**ba**gasch **rẽtsch**ni] 29
Handschuhe rękawiczki [rẽka**vitsch**ki] 65, 66
Handtasche torebka [to**räp**ka] 78
Handtuch ręcznik [**rẽtsch**nik] 34
hart twardy [**tvar**di]
Haus dom [dom]
hausgemacht wyrób własny [**vi**rup **vwaß**ni]
Heimat ojczyzna [oj**tschis**na]
heiß gorący [go**rõ**zi]
Heizung ogrzewanie [og~~sch~~ä**va**njä] 27, 32
hell jasny [**ja**ßni] 20
Hemd koszula [ko**schu**la] 65, 66
Herbst jesień [**jä**ßjänj] 19
Herrentoilette dla panów [dla **pa**nuv] 83
Hilfe! Ratunku! [ra**tun**ku] 72, 79
Himmel niebo [**njä**bo] 20
hoch wysoki [vi**ßo**ki]
Hochzeit wesele [vä**ßä**lä]
Holz drzewo [**dschä**vo] 67
Hose spodnie [**ßpod**njä] 65, 66
Hotel hotel [**cho**täl] 32
hübsch ładny [**wad**ni]
Hütte domek [**do**mäk]
Hund pies [pjäß]
Hunger głód [gwut] 40
Hut kapelusz [ka**pä**lusch] 65, 66

I

Imbiß przekąska [pschä**kõß**ka] 44
inklusiv włącznie [**vwõtsch**njä]
Insel wyspa [**viß**pa] 52
intelligent inteligentny [intäli**gänt**ni]
interessant interesujący [intäräßu**jõ**zi] 52

J

ja tak [tak]
Jacke kurtka [**kurt**ka] 65, 66
Jahr rok [rok] 18, 19
Jahreszeit pora roku [**po**ra **ro**ku] 19
Jeans dżinsy [**dschin**ßi] 66
Jogginghose spodnie od dresów [**ßpod**njä ot **drä**ßuv] 65, 66
Jugendherberge schronisko młodzieżowe [ßchro**niß**ko mwodsjä~~sch~~**o**vä] 36
jung młody [**mwo**di]
Junge chłopiec [**chwo**pjäz] 13, 65

Junggeselle kawaler [kavalär] 14
Juwelier jubiler [jubilär] 67

K

Kabine kabina [kabina] 30
kalt zimno [simno]
Kamera kamera [kamära] 68
Kamm grzebień [g~~sch~~äbjänj] 71
Kapelle kaplica [kapliza] 50
kaputt zepsuty [säpßuti]
Kasse kasa [kaßa] 61
Kathedrale katedra [katädra] 50
Katze kot [kot]
kaufen kupować [kupovatsch]
Kaufhaus dom towarowy [dom tovarovi] 61
Kaution kaucja [kauzja] 22
Kellner kelner [kälnär] 41
Kellnerin kelnerka [kälnärka] 41
Keramik ceramika [zäramika] 50, 67
(Hals-)Kette łańcuszek [wanjzuschäk] 67
Kilometer kilometr [kilomätr] 19
Kind dziecko [dsjäzko] 13, 41
Kino kino [kino] 16, 57
Kiosk kiosk [kjoßk] 61
Kirche kościół [koschzjuw] 52
Kissen poduszka [poduschka] 38
klar jasny [jaßni]
Kleid sukienka [ßukjänka] 65, 66
Kleidung ubranie [ubranjä] 65, 66
klein mały [mawi]
Klimaanlage urządzenie klimatyzacyjne [u~~sch~~õdsänjä klimatisazijnä] 38
Kloster klasztor [klaschtor] 50
Kneipe knajpa [knajpa] 40
Knopf guzik [gusik]
Koch kucharz [kuchasch] 40
Köchin kucharka [kucharka] 40
Körper ciało [zjawo] 72
Körperlotion płyn do pielęgnacji ciała [pwin do pjälẽgnazji zjawa] 71
Koffer walizka [valißka] 21, 28
Konditorei cukiernia [zukjärnja] 61
Kondom prezerwatywa [präzärvativa] 71, 74
Konzert koncert [konzärt] 57
Kopf głowa [gwova] 74
Korkenzieher korkociąg [korkozjõg] 61
Kosmetik kosmetyka [koßmätika] 71
Kosmetiksalon salon kosmetyczny [ßalon koßmätitschni] 61
Kostüm kostium [koßtjum] 65, 66
Kragen kołnierz [kownjäsch] 65, 66
krank chory [chori] 72
Krankenhaus szpital [schpital] 75
Krankenwagen karetka pogotowia [karätka pogotovja] 72, 75
Krawatte krawat [kravat] 65, 66
Kreditkarte karta kredytowa [karta kräditova] 43, 77
Küste wybrzeże [vibschä~~sch~~ä] 53
Kultur kultura [kultura] 57
Kunstgalerie galeria sztuki [galärja schtuki] 50
Kunsthandwerk rzemiosło artystyczne [~~sch~~ämjoßwo artißtitschnä] 67
kurz krótki [krutki]
Kuß całus [zawuß]

L

Laden sklep [ßkläp] 61
Länge długość [dwugoschtsch] 19
Lärm hałas [chawaß]
Land kraj [kraj]
Landausflug wycieczka krajoznawcza [vizjätschka krajosnavtscha] 30
Landgut posiadłość wiejska [poßjadwoschtsch vjäjßka]
Landkarte mapa [mapa] 49
Landschaft krajobraz [krajobraß]
Landstraße droga [droga] 22
Landung lądowanie [lõdovanjä] 29
lang długi [dwugi]
langsam powoli [povoli]
langweilig nudny [nudni]
Lastwagen ciężarówka [zjẽ~~sch~~aruvka]
laut głośny [gwoschni]
leben żyć [~~sch~~itsch]
Lebensmittel artykuły spożywcze [artikuwi ßpo~~sch~~ivtschä] 62, 64
Leder skóra [ßkura] 67
Lederwaren wyroby ze skóry [virobi sä ßkuri] 67
ledig kawaler *(m)*/panna *(f)* [kavalär/panna]
leer pusty [pußti]
leicht lekki [läkki]
Leinen len [län] 65, 66
leise cichy [zichi]
Licht światło [schvjatwo] 38
lieben kochać [kochatsch]
Liegestuhl leżak [lä~~sch~~ak] 53
Liegewagen kuszetka [kuschätka] 28

Linienflug lot liniowy [lot li**njo**vi] 29
links na lewo [na **lä**vo]
Lippenstift kredka do ust [**krät**ka do ußt] 71
Liter litr [litr] 41, 64
Löffel łyżka [**wisch**ka] 42
Luft powietrze [po**vjä**tschä]
Luftkissenboot poduszkowiec [poduschk**ko**vjäz] 30
Luftmatratze materac dmuchany [ma**tä**raz dmu**cha**ni] 53

M

Mädchen dziewczyna [dsjäv**tschi**na] 13, 65
Mahlzeit posiłek [po**ßi**wäk] 41
Make-up makijaż [ma**ki**jasch] 71
Mann mężczyzna [mẽsch**tschi**sna] 13
Mantel płaszcz [pwaschtsch] 65, 66
Markt rynek [**ri**näk] 51, 61
Markthalle hala rynkowa [**cha**la rin**ko**va] 64
Medikament lekarstwo [lä**kar**ßtvo] 72, 76
Meer morze [**mo**~~sch~~ä] 53
mein/meine mój/moja [muj/**mo**ja]
Messer nóż [nusch] 42
Meter metr [mätr] 19
Metzgerei sklep mięsny [ßkläp **mjẽß**ni] 45, 46
Minute minuta [mi**nu**ta] 18
Mittag południe [po**wud**njä] 18
Mittagessen obiad [**o**bjat] 33
Mittwoch środa [**schro**da] 19
Mode moda [**mo**da] 65, 66
modern nowoczesny [novo**tschäß**ni]
Möbel meble [**mä**blä]
Möbelgeschäft sklep meblowy [ßkläp mä**blo**vi] 61
möglich możliwy [mo~~sch~~**li**vi]
Moment chwila [**chvi**la]
Monat miesiąc [**mjä**ßjõz] 19
Montag poniedziałek [ponjä**dsja**wäk] 19
Morgen ranek [**ra**näk] 18
Motor silnik [**ßil**nik] 26, 27
Motorrad motocykl [mo**to**zikl] 22, 27
Mücke komar [**ko**mar] 53
Mückenmittel środek przeciw komarom [**schro**däk **pschä**ziv ko**ma**rom] 71
müde zmęczony [smẽ**tscho**ni]
Müll śmieci [**schmjä**zi] 39
Münze moneta [mo**nä**ta] 77, 82
Mütze czapka [**tschap**ka] 65, 66
Mundwasser woda do płukania ust [**vo**da do pwu**ka**nja ußt] 71
Museum muzeum [mu**sä**um] 52
Musik muzyka [**mu**sika] 57, 59
Mutter matka [**mat**ka] 13, 15

N

Nachbar sąsiad [**ßõ**ßjat] 13
Nachrichten wiadomości [vjado**mosch**zi] 80
Nacht noc [noz] 12, 19
Nachthemd koszula nocna [ko**schu**la **noz**na] 65, 66
Nachtisch deser [**dä**ßär] 47
nackt nagi [**na**gi]
nächste/nächster następna/następny [na**ßtẽp**na/na**ßtẽp**ni]
Nagelbürste szczoteczka do paznokci [schtscho**tätsch**ka do pas**nok**zi] 71
Nagellack(entferner) lakier (zmywacz) do paznokci [lakjär (**smi**vatsch) do pas**nok**zi] 71
Nagelschere nożyczki do paznokci [no**~~sch~~itsch**ki do pas**nok**zi] 71
nahe blisko [**bliß**ko]
Name nazwisko [nas**viß**ko] 12
naß mokry [**mo**kri]
Natur przyroda [pschi**ro**da] 56
Naturfaser włókno naturalne [**vwuk**no natu**ral**nä] 65, 66
nein nie [njä]
nett miły [**mi**wi]
neu nowy [novi]
nicht nie [njä]
Nichtraucher niepalący [njäpa**lõ**zi] 28
nichts nic [niz]
niemand nikt [nikt]
nirgends nigdzie [**ni**gdsjä]
nötig potrzebny [pot**schä**bni]
Norden północ [**puw**noz] 22
normal normalny [nor**mal**ni]
Notar notariusz [no**ta**rjusch]
Notausgang wyjście zapasowe [**vij**schzjä sapa**ßo**vä] 58
Notbremse hamulec bezpieczeństwa [cha**mu**läz bäßpjä**tschänj**ßtva] 28, 30
Notrufsäule kolumna z aparatem awaryjnym [ko**lum**na ß apa**ra**täm ava**rij**nim] 79
Nummer numer [**nu**mär] 82

O

Ober kelner [kälnär] 41
Obst owoce [ovozä] 62
Obstgeschäft sklep owocowy [ßkläp ovozovi] 62
öffentlich publiczny [publitschni]
Öffnungszeiten godziny otwarcia [godsini otvarzja] 79
Österreich Austria [außtrja] 13, 15
österreichisch austriacki [außtrjazki] 13
offen otwarty [otvarti]
Ohrringe kolczyki [koltschiki] 67
Onkel wujek [wujäk] 13, 15
Optiker optyk [optik] 70
Ort miejscowość [mjäjßzovoschtsch] 22
Osten wschód [vßchut] 22

P

Paar para [para]
Päckchen mała paczka [mawa patschka] 80
Palast pałac [pawaz] 49
Panne awaria [avarja] 24
Papiere papiery [papjäri] 21
Parfüm perfumy [pärfumi] 71
Park park [park] 49
Parkplatz parking [parking] 23
Paß paszport [paschport] 20
Passagier pasażer [paßaschär] 29
Pension pensjonat [pänßjonat] 32
Personalausweis dowód osobisty [dovut oßobißti] 20
Pflanze roślina [roschlina]
pH-neutral ph neutralne [pä cha ne‿utralnä] 71, 76
Pinzette pinceta [pinzäta] 71
Platz miejsce [mjäjßzä] 51
Polen Polska [Polßka] 13, 15
Politik polityka [politika]
Polizei policja [polizja] 78
Polizist policjant [polizjant] 78
polnisch polski [polßki] 13
Portier portier [portjär] 32
Post poczta [potschta] 80
Postamt urząd pocztowy [uschöt potschtovi] 80
Postkarte pocztówka [potschtuvka] 80
Postleitzahl numer kodowy poczty [numär kodovi potschti] 80
Präservativ prezerwatywa [präsärvativa] 71, 74
Preis cena [zäna] 32, 40, 61
Priester ksiądz [kßjõds]
Programm program [program] 57, 80
Promille promile [promilä]
Prozent procent [prozänt]
Puder puder [pudär] 71
pünktlich punktualny [punktualni]
Pullover sweter [ßvätär] 65, 66
putzen czyścić [tschischzitsch] 67

Q

Qualität jakość [jakoschtsch] 40, 61
Qualle meduza [mädusa] 53, 72
Quelle źródło [schrudwo]
Quittung kwit [kvit] 43, 76

R

Rabatt rabat [rabat] 61
Radio radio [radjo] 80
Rasen trawnik [travnik]
Rasierapparat aparat do golenia [aparat do golänja] 68, 71
Rasierklinge żyletka [schilätka] 71
Rasthaus gospoda [goßpoda] 22, 32
Rathaus ratusz [ratusch] 22, 52
rauchen palić [palitsch] 71
Raum pomieszczenie [pomjäschtschänjä] 32, 33
Rechnung rachunek [rachunäk] 43
rechts na prawo [na pravo]
Regen deszcz [däschtsch] 20
Regenjacke kurtka od deszczu [kurtka ot däschtschu] 65, 66
Regierung rząd [schõt]
regnen padać [padatsch] 20
reich bogaty [bogati]
Reifen opony [oponi] 27
Reihe rząd [schõt] 58
Reinigung pralnia [pralnja] 67
Reise podróż [podrusch] 14, 56
Reisebüro biuro podróży [bjuro podruschi]
Reisebus autobus turystyczny [autobuß turißtitschni]
Reiseführer przewodnik [pschävodnik] 65
Reisescheck czek podróżny [tschäk podruschni] 43, 77
Reißverschluß zamek błyskawiczny [samäk bwißkavitschni] 71
Restaurant restauracja [räßta‿urazja] 40, 41
Rettungsboot łódź ratunkowa [wudsch ratunkova] 30

Rettungsring koło ratunkowe [**ko**wo ratun**ko**vä] 30, 53
Rezept recepta [rä**zäp**ta] 72
Rezeption recepcja [rä**zäp**zja] 32
richtig prawidłowy [pravid**wo**vi]
Richtung kierunek [kjä**ru**näk] 22
Risiko ryzyko [ri**si**ko] 54
Rock spódnica [ßpud**ni**za] 65, 66
rot czerwony [tschär**vo**ni] 20
Rucksack plecak [**plä**zak] 56
rufen wołać [**wo**watsch]
Ruhe spokój [**ßpo**kuj]
ruhig spokojny [ßpo**koj**ni]
rund okrągły [o**krõg**wi]
Rundfahrt objazd ze zwiedzaniem [**ob**jaßt sä svjä**dsa**njäm] 49, 56

S

Saal sala [**ßa**la]
Sache rzecz [~~sch~~ätsch]
sagen mówić [**mu**vitsch]
Saison sezon [**ßä**son] 19
Sakko marynarka [mari**nar**ka] 65, 66
Samstag sobota [ßo**bo**ta] 19
Sandalen sandały [ßan**da**wi] 65, 66
satt syty [**ßi**ti]
sauber czysty [**tschi**ßti]
Schadenersatz odszkodowanie [otschkodo**va**njä]
Schaffner konduktor [kon**duk**tor] 28, 30
Schal szalik [**scha**lik] 65, 66
Schallplatten płyty gramofonowe [**pwi**ty gramofo**no**wä] 61
Schalter okienko [o**kjän**ko] 28, 30
schauen patrzeć [**pat**schätsch]
Schaufenster okno wystawowe [**o**kno vißta**vo**vä] 61
Scheck czek [tschäk] 43, 77
Schere nożyczki [no**~~sch~~itsch**ki] 71
Scherz żart [~~sch~~art]
schicken wysłać [**viß**watsch] 22, 80
Schiff okręt [**o**krẽt] 30
Schild szyld [schilt] 23, 28, 54
Schillinge szylingi [schi**lin**gi] 77
Schirm parasol [pa**ra**ßol] 61
Schlafanzug pidżama [pi**dscha**ma] 65, 66
schlafen spać [ßpatsch]
Schlafwagen wagon sypialny [**va**gon ßi**pjal**ni] 28
schlank szczupły [**schtschu**pwi]
schlecht zły [swi]
Schließfach *(Bahnhof)* schowek [**ßcho**väk] 28
Schließfach *(Post)* skrytka pocztowa [**ßkrit**ka potsch**to**va] 80
Schloß zamek [**sa**mäk] 52
Schlüssel klucz [klutsch] 34
Schmerzen bóle [**bu**lä] 72, 74
Schmuck biżuteria [bi~~sch~~u**tär**ja] 67
schmutzig brudny [**brud**ni]
schnell szybko [**schi**pko]
Schnuller smoczek [**ßmo**tschäk] 71
schön piękny [**pjẽk**ni]
schrecklich okropny [o**krop**ni]
schreiben pisać [**pi**ßatsch] 80
Schreibwaren materiały piśmienne [matä**rja**wi pisch**mjän**nä] 65
schriftlich pisemnie [pi**ßäm**njä]
schüchtern nieśmiały [njä**schmja**wi]
Schüssel miska [**miß**ka]
Schuh but [but] 65, 66
Schuhbänder sznurowadła [schnuro**vad**wa] 65, 66
Schuhcreme pasta do obuwia [**paß**ta do o**bu**vja] 65, 66
Schuhgeschäft sklep z obuwiem [ßkläp ß o**bu**vjäm] 65, 66
Schuld wina [**vi**na] 78
Schwägerin szwagierka [schva**gjär**ka] 13, 15
Schwager szwagier [**schva**gjär] 13, 15
Schwamm gąbka [**gõp**ka] 71
schwanger w ciąży [**vzjõ**~~sch~~i] 72
schwarz czarny [**tschar**ni] 20
Schweiz Szwajcaria [schvaj**zar**ja] 13
Schweizer Franken franki szwajcarskie [**fran**ki schvaj**zar**ßkjä] 77
Schweizer(in) Szwajcar(ka) [**schvaj**zar(ka)] 13
schwer ciężki [**zjẽ**schki]
Schwester siostra [**ßjo**ßtra] 13, 15
schwierig trudny [**tru**dni]
Schwimmbad pływalnia [pwi**val**nja] 33, 53
Schwimmweste kamizelka ratunkowa [kami**säl**ka ratun**ko**va] 53, 55
schwindlig mieć zawroty głowy [mjätsch sav**ro**ti **gwo**vi] 72
See, der jezioro [jä**sjo**ro] 53, 56
Seegang falowanie [falo**va**njä] 53
Seeigel jeżowiec [jä**~~sch~~o**vjäz] 53, 72
seekrank cierpiący na morską chorobę [zjär**pjõ**zi na **mor**ßkõ cho**ro**bẽ] 30, 72

Sehenswürdigkeit osobliwość [oß**o**bl**i**voschtsch] 52
Seide jedwab [**jäd**vap] 65, 66
Seife mydło [**mi**dwo] 71
Seite strona [**ßtro**na]
Sekunde sekunda [ßä**kun**da] 19
Selbstbedienung samoobsługa [**ß**amo‿obß**wu**ga] 41, 61
Serviette serwetka [ßär**vät**ka]
Sex seks [ßäkß]
Shorts szorty [**scho**rti] 65, 66
sicher bezpieczny [bäß**pjätsch**ni]
Sicherheitsgurte pasy bezpieczeństwa [**pa**ßi bäßpjä**tschänj**ßtva] 27
Sicherung bezpiecznik [bäß**pjä**tschnik] 27
Sicht widok [**vi**dok]
sichtbar widoczny [vi**dotsch**ni]
Single osoba samotna [o**ßo**ba ßa**mo**tna] 14
Situation sytuacja [ßitu**a**zja]
Sitzplatz miejsce siedzące [**mjäj**ßzä ßjä**dsõ**zä] 28, 30
Socken skarpetki [ßkar**pät**ki] 65, 66
sofort natychmiast [na**tich**mjaßt]
Sohn syn [ßin] 13, 15
Sommer lato [**la**to] 19
Sonderangebot oferta okazyjna [o**fär**ta oka**si**jna] 61
Sondertarif taryfa specjalna [ta**ri**fa ßpä**zja**lna] 28, 29
Sonne słońce [**ßwonj**zä] 20
Sonnenbrand oparzenie słoneczne [opa**~~sch~~ä**njä ßwo**nätsch**nä] 72
Sonnenbrille okulary przeciwsłoneczne [oku**la**ri **pschä**zivßwo**nätsch**nä] 53, 71
Sonnencreme krem do opalania [kräm do opa**la**nja] 55
Sonnenmilch mleczko do opalania [**mlätsch**ko do opa**la**nja] 71
Sonnenschirm parasol przeciwsłoneczny [pa**ra**ßol **pschä**zivßwo**nätsch**ni] 53, 61
Sonntag niedziela [njä**dsjä**la] 19
Souvenirs pamiątki [pa**mjõ**tki] 67
spät późno [**pusch**no] 19
Sparkasse kasa oszczędności [**ka**ßa oschtschẽd**nosch**zi] 77, 79
Spaß zabawa [sa**ba**va] 14
Spaziergang spacer [**ßpa**zär] 52, 56
Speisekarte jadłospis [jad**woß**piß]; menu [**mä**nu] 43, 44
Spezialität specjalność [ßpä**zjal**noschtsch] 44, 48
spielen grać [gratsch]
Spielzeug zabawka [sa**bav**ka] 61
Spielzeugladen sklep z zabawkami [ßkläp ß ßabav**ka**mi] 61
Sport sport [ßport] 54
Sportartikel artykuły sportowe [arti**ku**wi ßpor**to**vä] 61
Sportplatz boisko sportowe [bo**iß**ko ßpor**to**vä] 54
Sprache język [**jẽ**sik] 13
Spülmittel płyn do zmywania [pwin do ßmi**va**nja] 71
Staat państwo [**panj**ßtvo]
Staatsangehörigkeit obywatelstwo [obiva**täl**ßtvo] 13
Stadt miasto [**mja**ßto] 22, 52
Stadtteil dzielnica miasta [dsjäl**ni**za **mja**ßta]
Stadtplan plan miasta [plan **mja**ßta] 49
Stadtzentrum centrum miasta [**zän**trum **mja**ßta] 22
Start start [ßtart]
stehenbleiben stanąć [**ßta**nõtsch]
steil stromy [**ßtro**mi]
Stein kamień [**ka**mjänj]
sterben umrzeć [**um**~~sch~~ätsch]
Steward steward [**ßtju**art] 29, 30
Stewardeß stewardessa [ßtjuar**dä**ßa] 29, 30
Stiefel kozaczki [ko**satsch**ki] 66
Stockwerk piętro [**pjẽ**tro] 32
Stoff materiał [ma**tä**rjaw] 65, 66
Strafe kara [**ka**ra] 78
Strand plaża [**pla**~~sch~~a] 53
Straße ulica [u**li**za] 22
Straßenbahn tramwaj [**tram**vaj] 30
Streichhölzer zapałki [sa**paw**ki] 71
Strickwaren wyroby dziane [vi**ro**bi **dsja**nä] 65, 66
Strom prąd [prõt] 35
Strümpfe pończochy [ponj**tscho**chi] 65, 66
Strumpfhose rajstopy [raj**ßto**pi] 65, 66
studieren studiować [ßtu**djo**vatsch]
Stück kawałek [ka**va**wäk] 61
Stuhl krzesło [**kschä**ßwo]
Stunde godzina [go**dsi**na] 18, 19
Sturm sztorm [schtorm] 20, 55
Süden południe [po**wud**njä] 22
Süßwaren słodycze [ßwo**di**tschä] 61

Summe suma [ßu**ma**] 43, 61
Supermarkt supermarket [ßupär**mar**kät] 61, 64
Sweatshirt pulower bawełniany [pu**lo**vär baväw**nja**ni] 65, 66
Swimmingpool basen [**ba**ßän] 32, 53

T

Tabak tytoń [**ty**tonj] 71
Tabakladen sklep z wyrobami tytoniowymi [ßkläp ßviro**ba**mi titonjo**vi**mi] 71
Tabletten tabletki [ta**blät**ki] 72, 76
Tag dzień [dsjänj] 18, 19
Tageskarte bilet jednodniowy [**bi**lät jädno**dnjo**vi] 41, 44
Tampons tampony [tam**po**ni] 71
Tankstelle stacja benzynowa [**ßta**zja bänsi**no**va] 24
Tante ciotka [**zjot**ka] 13, 15
tanzen tańczyć [**tanj**tschitsch]
Tasse filiżanka [fili**~~sch~~an**ka] 42
Taxi taksówka [tak**ßuv**ka] 31
Teil część [tschẽschtsch]
Telefax telefax [tä**lä**fakß] 80, 82
Telefon telefon [tä**lä**fon] 33, 82
Telefonbuch książka telefoniczna [**kßjõsch**ka täläfo**ni**tschna] 80, 82
Telegramm telegram [tä**lä**gram] 80
Teller talerz [**ta**läsch] 42
Temperatur temperatura [tämpära**tu**ra] 20, 74
teuer drogi [**dro**gi]
Theater teatr [**tä**atr] 51, 57
Ticket bilet [**bi**lät] 28, 57
tief głęboki [gwẽ**bo**ki]
Tier zwierzę [**svjä**~~sch~~ẽ]
Tisch stół [ßtuw] 40
Tochter córka [**zur**ka] 13, 15
Toilette toaleta [toa**lä**ta] 83
Toilettenpapier papier toaletowy [**pa**pjär toalä**to**vi] 71
Topf garnek [**gar**näk] 61
Tourist turysta [tu**ri**ßta] 20, 49
Touristin turystka [tu**ri**ßtka)] 20, 49
tragen nosić [**no**ßitsch]
Tragflächenboot wodolot [vo**do**lot] 30
traurig smutny [**ßmu**tni]
Treppe schody [**ßcho**di] 38
treu wierny [**vjär**ni]
Trinkgeld napiwek [na**pi**väk] 83
Trinkwasser woda do picia [**vo**da do **pi**zja] 48
Trödler handlarz starzyzną [**chand**lasch ßta~~sch~~**is**nõ] 67
T-Shirt podkoszulek [potko**schu**läk] 65, 66
Tür drzwi [dschvi] 38
Tunnel tunel [**tu**näl] 28
Turm wieża [**vjä**~~sch~~a] 52
Turnschuhe tenisówki [täni**ßuv**ki] 65, 66
typisch typowy [ti**po**vi]

U

U-Bahn metro [**mä**tro] 30
Übelkeit mdłości [**mdwo**schzi] 72, 74
Überraschung niespodzianka [njäßpo**dsja**nka]
Ufer brzeg [b~~sch~~äg] 53
Uhr zegarek [sä**ga**räk] 67
Uhrmacher zegarmistrz [sä**gar**mißtsch] 67
Uhrzeit godzina [go**dsi**na] 17
Umleitung objazd [**ob**jaßt] 23
Umwelt środowisko [schrodo**vi**ßko] 56
Umweltschutz ochrona środowiska [o**chro**na schrodo**viß**ka] 56
unbekannt nieznany [njä**sna**ni]
Unfall wypadek [vi**pa**däk] 24
Unglück nieszczęście [njä**schtschẽ**schzjä] 24, 79
unglücklich nieszczęśliwy [njä**schtschẽ**schlivi]
ungültig nieważny [njä**va**~~sch~~ni]
Unkosten wydatki [vi**dat**ki]
unmöglich niemożliwy [njämo~~sch~~**li**vi]
unruhig niespokojny [njäßpo**koj**ni]
unschuldig niewinny [njä**vin**ni]
Unterführung przejście podziemne [**pschäj**schtschä pod**sjäm**nä] 50
Unterhemd podkoszulek [potko**schu**läk] 65, 66
Unterhose majtki [**maj**tki] 65, 66
Unterkunft kwatera [kva**tä**ra] 32, 38
Unterschied różnica [ru~~sch~~**ni**za]
Unterschrift podpis [**pot**piß] 21
Untersuchung badanie [ba**da**njä] 72
Unterwäsche bielizna osobista [bjä**li**sna oßo**bi**ßta] 65, 66
unverschämt bezczelny [bäß**tschä**lni]
Urlaub urlop [**ur**lop] 53, 55
Ursache przyczyna [pschi**tschi**na]
Urteil wyrok [**vi**rok]
Urwald puszcza [**pusch**tscha] 56

V

Vater ojciec [**oj**zjäz] 13, 15
Veranstaltung impreza [im**prä**sa] 60
Veranstaltungskalender kalendarz imprez [ka**län**dasch **im**präß] 60
Verbindung połączenie [powõ**tschä**njä] 28, 30
Vergangenheit przeszłość [**pschäsch**woschtsch]
Vergewaltigung zgwałcenie [sgvaw**zä**njä] 78
verheiratet żonaty *(m)*/zamężna *(f)* [~~sch~~o**na**ti/sa**mẽsch**na] 14
Verhütungsmittel środek antykoncepcyjny [**schro**däk antikonzäp**zij**ni] 71, 74
Verkauf sprzedaż [**ßpschä**dasch] 61
Verkehr ruch [ruch] 23
verlängern przedłużać [pschäd**wu**~~sch~~atsch]
verletzt zraniony [sra**njo**ni] 24, 72
verschieden różny [**ru**~~sch~~ni]
versehentlich przez przeoczenie [pschäß pschäo**tschä**njä]
Versicherung ubezpieczenie [ubäßpjä**tschä**njä] 24
Versicherungsgesellschaft towarzystwo ubezpieczeniowe [tova**~~sch~~i**ßtvo ubäßpjätschä**njo**vä] 24
Vertrag umowa [u**mo**va]
Verwandte krewna [**kräw**na] 13, 15
Verwandter krewny [**kräw**ni] 13, 15
Verwechslung pomyłka [po**miw**ka]
Verzeihung! Przepraszam! [pschä**pra**scham] 14
Video magnetowid [magnä**to**vit] 68
Videokassette wideokaseta [vi**dä**oka**ßä**ta] 68
viel dużo [**du**~~sch~~o]
Volk naród [**na**rut]
voll pełny [**päw**ni]
Vollpension z całodziennym utrzymaniem [ßzawo**dsjän**nim utschi**ma**njäm] 33
Vormittag przedpołudnie [pschätpo**wud**njä] 12, 19
Vorort przedmieście [pschät**mjä**chzjä] 22
Vorspeise zakąska [sa**kõ**ßka] 44
Vorstellung przedstawienie [pschätßta**vjä**njä] 12, 57
Vorverkauf przedsprzedaż [pschät**ßpschä**dasch] 57
Vorwahl numer kierunkowy [**nu**mär kjärun**ko**vi] 82

W

wählen wybierać [vi**bjä**ratsch]
Währung waluta [va**lu**ta] 77
Wäscherei pralnia [**pral**nja] 67
wahr prawdziwy [prav**dsi**vi]
wahrscheinlich prawdopodobnie [pravdopo**do**bnjä]
Wald las [laß] 51
warm ciepły [**zjä**pwi]
Waschlotion płyn do mycia [pwin do **mi**zja] 71
Waschmittel środek do prania [**schro**däk do **pra**nja] 71
Wasser woda [**vo**da] 48
Watte wata [**va**ta] 71
Wattestäbchen waciki [va**zi**ki] 71
Wechselstube kantor [**kan**tor] 77, 78
Wecker budzik [**bu**dsik] 67
Weg droga [**dro**ga] 22
Wegweiser drogowskaz [dro**go**vßkaß] 22
weich miękki [**mjẽk**ki]
Welle fala [**fa**la] 55
Welt świat [schwjat]
Werkstatt warsztat [**var**schtat] 26
werktags w dni powszednie [vdni pov**schäd**njä] 19
Wert wartość [**var**toschtsch]
Weste kamizelka [kami**säl**ka] 65, 66
Westen zachód [**sa**chut] 22
Wetter pogoda [po**go**da] 20
Wettervorhersage prognoza pogody [pro**gno**sa po**go**di] 20
wichtig ważny [**va**~~sch~~ni]
Wildleder zamsz [samsch] 65, 66
Wind wiatr [vjatr] 20
Windeln pieluszki [pjä**lu**schki] 71
Winter zima [**si**ma] 19
Wirt gospodarz [go**ßpo**dasch] 41
Woche tydzień [**ti**dsjänj] 19
Wohnmobil samochód kempingowy [ßa**mo**chut kämpin**go**vi] 35, 36
Wohnsitz miejsce zamieszkania [**mjäj**ßzä samjä**schka**nja]
Wohnung mieszkanie [mjä**schka**njä]
Wohnwagen przyczepa kempingowa [pschi**tschä**pa kämpin**go**va] 35, 36
Wolle wełna [**väw**na] 65, 66
Wort słowo [**ßwo**vo]
wütend wściekły [**vschzjä**kwi]

Z
Zahnarzt dentysta [däntißta] 74
Zahnbürste szczotka do zębów [schtschotka do sẽbuv] 71
Zahnpasta pasta do zębów [paßta do sẽbuv] 71
Zeit czas [tschaß] 18, 19
Zeitschrift czasopismo [tschaßopißmo] 65
Zeitung gazeta [gasäta] 65
Zentrum centrum [zäntrum] 22, 52
Zeuge świadek [schvjadäk] 24
Ziel cel [zäl] 54
Zigarette papieros [papjäroß] 71
Zimmer pokój [pokuj] 32, 33
Zoll cło [zwo] 21
zufrieden zadowolony [sadovoloni]
Zug pociąg [pozjõg] 28
Zuschlag dopłata [dopwata] 28
Zweifel wątpliwość [võtplivoschtsch]

Reisewörterbuch Polnisch-Deutsch

A
autostrada Autobahn

B
bar mleczny Milchbar
bilet Fahrkarte
biuro podróży Reisebüro

C
CEPELIA Ladenkette der Zentrale für volkstümliche und künstlerische Industrie
Ciągnąć! Ziehen!

D
dla inwalidów für Behinderte
Dla niepalących! Nichtraucher!
Dla palących! Raucher!
dla pań Damentoilette
dla panów Herrentoilette
dojazd Zufahrt
dopłata Zuschlag
dowód osobisty Personalausweis
dworzec Bahnhof
dworzec autobusowy Busbahnhof

G
gaśnica Feuerlöscher
gospoda Gaststätte
granica Grenze
Grozi śmiercią! Lebensgefahr!

H
hamulec bezpieczeństwa Notbremse

I
informacja Auskunft
informacja turystyczna Touristeninformation

K
karetka pogotowia Notarztwagen
kasa bagażowa Gepäckannahme
kasa oszczędności Sparkasse
kawiarnia Café
kąpiel wzbroniona Baden verboten

L
LOT Polnische Fluggesellschaft
lotnisko Flughafen

M
metro U-Bahn
miejsce dla inwalidy Schwerbehindertenplatz
miejsce dla matki z dzieckiem Platz für Mutter und Kind
morze Meer

N
Nie dotykać! Nicht berühren!
Nie wychylać się! Nicht hinauslehnen!

O
objazd Umleitung
ORBIS Polnisches Reisebüro
otwarte (bez przerwy) (Durchgehend) Geöffnet

P

Palenie wzbronione! Rauchen verboten!
Parkowanie wzbronione! Parken verboten!
Pchnąć! Drücken!
PCK (Polski Czerwony Krzyż) Polnisches Rotes Kreuz
piekarnia Bäckerei
PKP (Polskie Koleje Państwowe) Polnische Staatsbahnen
PKS (Państwowa Komunikacja Samochodowa) Staatlicher Busverkehr
poczekalnia Warteraum
poczta Post
pokoje do wynajęcia Zimmer frei
policja Polizei
port Hafen
Proszę zamykać drzwi! Türe schließen!
przechowalnia bagażu Gepäckaufbewahrung
przejście dla pieszych Fußgängerübergang
przejście na perony Zu den Bahnsteigen
Przejście wzbronione! Durchgang verboten!
przyjazd Ankunft
przystanek Haltestelle
przystanek na żądanie Bedarfshaltestelle

R

roboty drogowe Straßenarbeiten
rozkład jazdy Fahrplan

S

samoobsługa Selbstbedienung
sklep mięsny Metzgerei
sklep rybny Fischgeschäft
sklep spożywczy Lebensmittelgeschäft
skrzynka pocztowa Briefkasten
stacja obsługi Autoservice
straż pożarna Feuerwehr
supermarket Supermarkt
supersam Supermarkt
szatnia bezpłatna Garderobe kostenfrei

T

toalety Toiletten

U

ulica jednokierunkowa Einbahnstraße
ulica ślepa Sackgasse
umywalnia Waschraum
Uwaga, tramwaj! Achtung, Straßenbahn!

V

VAT Mehrwertsteuer

W

warsztat samochodowy Autowerkstatt
Wejścia nie ma! Kein Eingang!
wejście Eingang
wejście obok Eingang nebenan
Witamy! Willkommen!
wjazd Einfahrt
Woda niezdatna do picia! Kein Trinkwasser!
wolny frei
wstęp wolny Eintritt frei
Wstęp wzbroniony! Eintritt verboten!
wyjazd Ausfahrt
wyjście zapasowe Notausgang
wymiana walut Geldwechsel
wyprzedane ausverkauft
Wyprzedzać nie wolno! Überholen verboten!

Z

zajęty besetzt
zamknięto geschlossen
zły pies bissiger Hund
zniżka Ermäßigung

Bildnachweis

APA Publications/Jerry Dennis: 65 (li.), 72, 77, Umschlag (Rückseite). Kai-Ulrich Müller: 65 (re.). Claudia Quaukies: 9. Thomas Stankiewicz: 1, 12, 17 (li.), 21, 25, 32, 37, 49, 53, 61, 69. Tomasz Torbus: 17 (re.), 40, 57, 81, Umschlag (Bild). Superbild/Bernd Ducke: Umschlag (Flagge).